한 권으로 끝내는
ESG 수업

한 권으로 끝내는 ESG 수업

대기업부터 중소기업, 스타트업까지
현장에서 통하는 ESG 인사이트

비즈니스의 성과에 가치를 더하는
기업만이 살아남는다!

  신지현 지음

뉴노멀 생존 키워드 ESG,
왜 지금 당장 시작해야 하는가?

중앙books

프롤로그

지금 당신이
ESG 경영을 알아야 하는 이유

현장에서 ESG로 인한 변화를 누구보다 빨리 체감하며 배웠고, 덕분에 ESG에 대한 인사이트를 나누고자 하는 자리에 자주 초청된다. 그런 자리에서 늘 나오는 ESG에 대한 오해가 세 가지 있다.

> 첫째, ESG는 착한 기업만 하는 거 아닌가요?
>
> 둘째, ESG는 담당 부서만 관련이 있는 것 아닌가요?
>
> 셋째, ESG는 대기업이나 상장기업만 하는 것 아닌가요?

그나마 요즘은 ESG에 대해 미디어에서 많이 다루고, 대기업에서도 앞다투어 ESG 경영을 선언하다 보니 ESG에 대한 대중의 인지도나 이해도가 많이 올라간 상황이긴 하다. 하지만 여전히 MSCI 최하등급을 받은 한 대기업의 경영진은 투자사의 압박 때문에 ESG라는 용어와 지속가능경영 보고서를 한 달 전 처음 들었다고 하고, 등급을 높이기 위한 방법을 급히 찾는 중이었다. 한 스타트업 임원은 나에게 'ESG 지수'라는 것은 평가기관에 별도로 돈을 내고 요청해서 받는 것인지 묻기도 했다.

그렇다면 ESG 경영을 도대체 왜 해야 하는 것일까? 원론적인 질문으로 돌아가보자. 여전히 ESG에 대해 들어는 봤어도, 구체적으로 무엇을 해야 할지 모르는 리더나 실무자들이 대부분이다. 그러나 ESG는 투자, 대출, R&D 참여, 환경 및 사회적 규제와 법, 수출, 글로벌 기업과의 거래, 대기업의 공급망 중 한 가지 단어라도 관련이 있는 기업이라면 모두 해당된다.

대기업이라면 투자자 압박에 의해서 시작할 수도 있고, 탄소국경세나 중대재해처벌법과 같은 법과 규제 때문에 시작할 수도 있다. 중소기업은 거래하는 대기업이 자사 공급망의 모든 탄소 배출량을 줄여야 하기 때문에 협력업체도 함께 노력하기를 기대하니 이에 영향을 받을 수밖에 없다. 한국벤처투자KVIC에서는 벤처캐피털 업계에 ESG 투자 가이드를 제시하고, 그에 따라 투자에 민감한 스타트업들도 ESG에 대한 준비가 절실한 상황이 곧 올 것이다. 기획재정부, 산업통상자원부, 환경부에서는

K-ESG 가이드라인을 내놓고 있고, 공공기관에서는 신입사원들이 ESG 교육을 의무적으로 받게 된다. 여담이지만 우리나라 선호 직업에 민감한 강남 엄마들은 이미 ESG에 대한 관심이 높아서, 누군가는 내게 강남에서 ESG 학원 차리면 잘될 거라고 귀띔을 해주기도 했다.

비즈니스 상식이 된 ESG

그럼 '이토록 중요한 ESG를 왜 나만 모르고 있었을까?' '도대체 ESG는 어떻게 해야 하는 것인가?'라며 막연한 걱정을 하게 될 수 있다. 이 책을 쓰게 된 계기도 주변의 이런 걱정과 질문 때문이었다.

한 헬스케어 스타트업 대표가 ESG에 대해 관심이 많다고 회사에 방문을 청한 적이 있다. 그 대표는 비즈니스와 지역 사회 연계에 관심이 많았고, 기업이 사회적 임팩트를 만들어 내길 바랐다. 그런데 ESG 경영을 위해 무엇부터 시작해야 할지 갈피를 못 잡겠다고 했다. 급한 대로 ESG에 대해 전반적인 개념 설명을 하고, 산업별 분류 체계를 가지고 있는 SASB Sustainability Accounting Standards Board 지표 중 관련 있는 헬스케어 부분만 설명했다. 이것만으로도 1시간 이상이 순식간에 지나갔다.

이 과정에서 지금껏 ESG에 대한 역사와 배경, ESG의 의미

등에 대해 정리된 책은 많지만, 좀 더 구체적으로 작은 규모의 회사나 다양한 조직이 ESG를 어떻게 직접 해볼 수 있을지 방법론과 사례를 알려주는 책이 현장에 필요하다는 걸 절감했다. 그렇기에 이 책은 ESG가 무엇인지를 설명하는 것에 그치지 않고, ESG를 경영에 구체적으로 적용하는 방법을 담고자 했다. 무엇을 준비해야 ESG 트렌드에 흔들리지 않고 조직의 방향을 설정할 수 있을지, 부서마다 다양한 입장과 상황 속에서 어떤 관점을 가지고 무엇을 어떻게 챙겨야 할지를 다양한 사례와 함께 담았다. 또한 수많은 ESG 평가 지표 중에서 헤매지 않고 한정된 자원으로 효율적인 우선순위를 정하는 노하우부터 메타버스, 블록체인 등 미래 기술이 ESG에 끼칠 영향까지 폭넓게 다루고자 했다.

ESG는 그동안 기업이 돈을 '얼마나' 벌었는지 집중했던 것에서 돈을 '어떻게' 벌었는지까지 보는 것이다. 그동안 기업이 환경과 사회에 부정적인 영향을 미쳤던 것들이 다시 기업의 비즈니스에 위험요소로 돌아오고 있기 때문이다.

ESG라는 파도를 기회로 만들자

처음에 언급했던 세 가지 오해로 돌아가 보면, ESG란 대기업이나 상장기업 이외에도 중소기업, 스타트업 모두 대응해야 하는 것이고, 특정 부서에 국한된 것이 아니라 회사 전체가 ESG 경영을 도입하고 내재화해야 하는 것이다. 또한 착한 기업만이 하는 것이 아니라 투자, 대출, R&D 참여, 환경 및 사회적 규제와 법, 수출, 글로벌 기업과의 거래, 대기업의 공급망과 같은 피할 수 없는 상황을 마주한 조직이라면 반드시 도입해야 하는 경영 체질 혁신 가이드에 가깝다. 오히려 ESG에 선제적으로 대응하여 다른 기업과의 차별점으로 가져가려는 기업들도 눈에 띈다. 환경과 사회 문제에 민감한 MZ세대 인재 유치, ESG 우수 등급으로 글로벌 경쟁력 강화, 정부 R&D 사업에서 가산점 확보와 같이 가시적인 성과로 이어지고 있기 때문이다.

    ESG가 무엇인지에 대해서는 이미 넘쳐나는 정보가 있다. 이제 필요한 것은 '어떻게 하느냐'다. 그 구체적 실행을 돕기 위해 이 책에 미쉐린, 유니레버, 다이슨 등의 실제 기업 사례를 담았다. 또 한 가지 명심할 점은 단기적으로 ESG 지표에 대응하는 데만 집중해 ESG라는 것이 유행처럼 지나가지 않도록 주의해야 한다는 것. 즉 이해관계자 자본주의, 환경과 사회에 얽힌 글로벌 현황, MZ세대 소비자를 포함한 시장의 변화 등 거대한 패러다임의 변화 속에서 기회와 위기를 직시하고 긴 호흡으로 준비를 해야 한다는 것이다. 준비 없이 ESG의 파도를 정면으로 맞고 가라앉을지, 잘 준비해서 ESG라는 파도를 기회로 더 넓은 바다로 나아갈지는 기업과 개인의 선택에 달려 있다. 이 책이 더 넓은 바다로 나아갈 수 있게 당신을 돕는 돛이 되기를 바란다.

20년간 글로벌 IT기업 등에서 지속가능경영과 마케팅 분야에서 일하면서 전문성을 쌓고, 축적한 인사이트와 경험들을 나누기 위해 2018년부터 운영한 소셜 미디어 그룹에서는 ESG 트렌드, 관련 기사와 생각을 지속적으로 공유하고 있다. 이런 방향성을 담아 앞으로의 '신지현'을 정의하는 단어로 'Sustainfluencer(지속가능성을 위해 영향을 미치는 사람)'를 만들어 보았다. 파이낸셜 타임스에 나온 'Lawfluencer'라는 단어에서 착안했다. 어떤 포지션에서든 기업과 개인의 지속가능성에 대해 긍정적인 영향을 미치기 위한 노력과 행동을 할 것이라는 의미다. 올해 초 '맞춤형 정책 추천-신청 서비스 Wello(웰로)'라는 스타트업에 CSO(Chief Sustainability Officer, 지속가능성책임자)로 합류하게 됐다. 앞으로 '지속가능성' 키워드 안에서 현재의 조직뿐만 아니라 타 기업들과도 인사이트를 나누어 공존을 추구하는 사회를 만들어 가는 데 기여하고 함께 성장하고 싶다.

2022년 봄,
신지현

차례

프롤로그　지금 당신이 ESG 경영을 알아야 하는 이유　　　　　　　　　　4

1장
ESG, 비즈니스 생태계를 뒤흔들다

비즈니스 경영의 절대 키워드, ESG
ESG, 기업의 지속가능성을 보는 비재무적 성과지표　　　　　　　　19
ESG의 시작과 과정, 그리고 미래 전망　　　　　　　　　　　　　　22
ESG, 돈의 흐름을 바꾸다　　　　　　　　　　　　　　　　　　　　26

ESG 경영을 시작하기 위한 세 가지 질문
목적이 기업을 이끄는가?　　　　　　　　　　　　　　　　　　　　33
기업의 비즈니스 전략 및 방향성은 무엇인가?　　　　　　　　　　　37
측정 가능한 타깃을 설정해 지속적으로 관리하는가?　　　　　　　　40

ESG 경영이 한국에서 급부상한 이유

ESG가 주도하는 돈의 흐름	47
믿을 수 있는 '기준'의 등장	49
점점 심각해지는 기후 위기와 글로벌 협정	51
소비자로 급부상한 MZ세대와 소셜 미디어	54
* How to ESG - 목적이 조직을 이끄는가?	60

2장
잘나가는 기업의 무기, ESG

조직에서 ESG를 내재화시키는 방법

전략기획: 비전을 제시하고 비즈니스 전환을 추진하라	68
공급망 관리: 탄소발자국과 시나리오 분석을 고려하라	71
R&D: 기업의 미래를 위해 연구개발에 투자하라	76

ESG로 기존의 역할을 뛰어넘어라

마케팅: 일관된 브랜드 철학과 진정성을 더하라	81
재무: ESG 비재무적 요인에 대한 이해와 관리가 필요하다	85
HR: 다양성과 신뢰를 바탕으로 경쟁력을 강화하라	87
사회 공헌: 지역 사회와 상생하며 ESG와 연계하라	92

모든 조직에 적용할 수 있는 ESG 경영

스타트업: 지금부터 ESG 경영을 시작하라	97
비영리기관: 환경과 사회의 전문가로 부상하라	103

정부: 규제가 아닌 가이드로 가야 한다 　　　　　　　　　　　　　107
공공기관·공기업: 투자 관점보다 지속가능경영 관점이 필요하다 　　　110
* How to ESG - 조직의 비즈니스 전략 및 방향성은 무엇인가? 　　　114

3장
ESG 경영, 이렇게 시작하면 쉽다

CEO가 ESG 경영을 반드시 시작해야 하는 까닭
앞서나가는 리더들은 먼저 움직인다 　　　　　　　　　　　　　　121
ESG를 가장 먼저 담당하는 부서는 어디일까 　　　　　　　　　　　123
전문가를 뽑았다면, 그다음은? 　　　　　　　　　　　　　　　　　125

조직의 현실을 진단하는 ESG 지표·평가에 대한 모든 것
우리 회사의 현실을 직시하기 위한 자가 진단 　　　　　　　　　　133
이해관계자를 찾기 위한 지도 그리기 　　　　　　　　　　　　　　136
환경, 사회, 거버넌스, 각 분야별 검토 항목은 무엇일까 　　　　　　140
중대성 평가와 우선순위 결정 　　　　　　　　　　　　　　　　　143
다른 기업은 중대성 평가를 어떻게 할까 　　　　　　　　　　　　149

더 효율적인 ESG 경영 프로세스
ESG 내재화를 위한 실행 계획 　　　　　　　　　　　　　　　　　155
글로벌 지표와 산업별 특성 고려하기 　　　　　　　　　　　　　　160
ESG를 교육 및 인사평가에 적용하라 　　　　　　　　　　　　　　163
대내외 협업: 컬렉티브 임팩트와 가치 제안 　　　　　　　　　　　166
디자인 싱킹을 통한 기민한 실행과 반복 　　　　　　　　　　　　172
* How to ESG - 우리 조직의 ESG 이슈와 이해관계자는 어떻게 연결되는가? 　178

4장
현장의 맥을 짚는 ESG 인사이트

거스를 수 없는 거대한 패러다임, ESG
마이클 샌델 VS 마이클 포터 ... 186
자본주의가 변하고 있다 ... 189

미래 기술과 ESG의 시너지 효과
사회 변화와 ESG의 역할 ... 197
인공지능, ESG를 더 똑똑하게 만들다 ... 201
메타버스, ESG의 공간적 한계를 없애다 ... 207
블록체인, ESG로 새로운 가치를 창출하다 ... 211
ESG와 일의 미래 ... 219
* How to ESG - 측정 가능한 타깃을 설정해 꾸준하게 관리하는가? ... 224

에필로그 개인과 기업의 목적 있는 삶을 꿈꾸며 ... 226

부록1 ESG에 대한 FAQ ... 235
부록2 현장에서 통하는 ESG 정보 바로가기 ... 251

ESG,

1장

비즈니스

생태계를 뒤흔들다

"죽은 행성에서는 어떤 사업도 할 수 없다." 환경운동가 데이비드 브로워의 이 메시지가 어떻게 보면 ESG의 등장배경을 가장 잘 설명하고 있다. 시장Market이 기후 위기와 사회 문제들로 무너지면 기업이 지속적으로 비즈니스를 할 수 있는 터를 잃어버리는 것이기 때문이다. 지금의 전 지구적 경고를 ESG A+ 등급을 받았다고 해서, 일회용품 줄이기 운동을 했다고 해서 해결할 수 있을까? 'Back to the Basic'. 다시 기본으로 돌아가서 '기업이란 무엇인가?' '기업이란 왜 존재하는가?' '기업의 목적은 무엇인가?'를 생각해 봐야 하는 시점이다.

비즈니스 경영의
절대 키워드, ESG

좀 충격적인 이야기를 들었다. 가족친화기업 우수사례로 소개되기까지 했던 한 기업이 '가족친화인증기업'으로 인증을 받기 위해서 심사를 받았다. 그런데 해당 절차를 위해 기업을 방문했던 심사위원이 인증 기준을 위한 질문을 하기는커녕 "워킹맘들을 고용해서 회사를 운영하면 경영 관점에서는 효율성이 안 날 텐데 왜 그렇게 운영을 하느냐?"라며 핀잔을 줬다고 한다. 그리고 본인이 내년에는 심사 결과를 잘 받을 수 있도록 컨설팅과 가이드를 제공하겠다는 제안을 했다는 것이다.

결국 해당 기업은 인증기업 심사에서 탈락을 했고, 해당 기업 대표는 심사에 대한 이의를 제기했다. 이렇게 이의를 제기하는 대표가 있으면 그나마 다행이지만, 불합리한 인증 절차로 인해 유료 컨설팅을 울며 겨자 먹기로 받는 기업들도 분명 있을 것이다.

이것이 내가 우려하는 지점이다. ESG가 유행처럼 번지며 동시에 비행기보다 빠른 속도로 ESG 전문가가 생겨나고 있다. 물론 진정성 있게 ESG를 체계적으로 준비하는 기업과 끊임없이 학습하며 ESG를 제대로 알리려는 전문가들도 있다. 하지만 시장이 빠르게 성장하면 거품과 부작용이 있게 마련이다.

대기업과 정부가 ESG를 견인하고 중소기업으로 ESG를 확산하는 과정에서 '인증' '심사' '교육' 등이 생기고, 반나절 ESG를 배운 가짜 전문가들이 기업을 규제하는 체크리스트로 ESG를 활용한다. 그렇게 '몇 개 기업 ESG 확산'이라는 정량적인 목표를 채워갈 때 ESG를 도입해야 하는 당위성과 목적은 상실한 채 최소한의 숙제를 해치우는 정도로 ESG를 받아들이게 될지도 모른다.

하지만 분명한 것은 있다. ESG 경영은 새로운 것이 아닌, 기업이 이미 당연히 했었어야 하는 것들이다. 기업이 비즈니스를 하면서 발생하는 환경파괴, 안전사고 등의 부정적인 결과들과 고용창출, 사회공헌과 같은 긍정적인 결과들을 사전에 예측하고, 부정적인 결과들을 최소화하고 긍정적인 결과들을 극대화하는 노력을 '이미' 했어야 했다. 만약 기업들이 환경과 사회에서 아무런 문제를 발생시키지 않고, 우리가 기후 위기에 직면하지 않았더라면 ESG라는 용어는 등장도 하지 않았을 것이다. 반대로 지금 우리가 ESG라는 용어로 정의된 인류의 과제들을 기업 경영 관점으로 제대로 풀어내지 않으면 인류의 당면한 과제는 ESG가 아닌 다른 새로운 용어로 끊임없이 우리 앞에 등장할 것이다.

ESG, 기업의 지속가능성을 보는 비재무적 성과지표

간단하게 설명하자면 'ESG'는 Environmental·Environment(환경), Social(사회), Governance(거버넌스)의 영문 첫 글자를 조합한 단어다. ESG는 기업이 '지속가능한' 비즈니스를 달성하기 위한 세 가지 핵심 요소이며, 중장기 기업 가치에 직간접적으로 큰 영향을 미치는 환경, 사회, 거버넌스 측면에서의 비재무적 지표다. 즉, 기업의 재무제표에 직접적으로 보이지는 않지만 기업의 지속가능성, 기업 가치와 연관된 비재무적 성과지표라고 할 수 있다.

특히 ESG가 가장 피부에 와 닿는 기업은 수출기업일 것이다. 이미 글로벌 기업들은 납품기업을 선정 및 관리할 때 공급망상의 ESG 요인들을 감시하고 실사하는 '공급망 실사'를 하고 있다. 예를 들어 애플은 '공급 기업의 책임Supplier Responsibility'이라는 보고서를 별도로 발간하여 인권 보호 및 근로 환경 개선, 환경 보호와 관련된 공급망 내 성과와 공급업체의 지속가능성 평가 결과를 공개한다. 네슬레는 사회적, 환경적으로 부정적 이슈가 발생할 가능성이 큰 원재료 조달 과정에서 공급망의 지속가능성을 관리하기 위한 회사의 목표 및 목표 달성 여부, 3개년의 정량적 성과, 관련 정책 등을 공개하고 있다.* 글로벌 대기업의 'ESG 공급망 리스크 관리'가 강화되고 있는 만큼, 이러한 추세는 해당 글로벌 대기업과 거래를 하고 있는 공급기업으로도 확산되고 있는 것이다.

또한, 국가별 '공급망 실사제도Due Diligence'도 확산되고 있다. 유럽연합EU에서는 2021년 1월 공급망 실사제도를 입법 권고안으로 채택하고, 독일에서는 '공급망실사법'을 2023년 1월부터 시행하기로 했다. 글로벌 거래뿐만 아니라 '책임감 있는 산업연합RBA, Responsible Business Alliance'에 가입한 SK, LG, 삼성과 같은 기업들은 RBA 행동규범Code of Conduct에 따라 국내 사업장을 비롯해 해외 사업장, 협력사까지 경영 시스템 및 작업 환경 등에 대한 현장 점검과 객관적 실사를 강화하고 있다. 그만큼 해당 대기업과 거래를 하는 국내 중소·중견 기업도 빠른 대응이 필요한 상황이다.

* 출처: 2021년 11권 3호 KCGS Report, '공급망 지속가능성 정의와 중요성', 정승연

돈의 흐름도 ESG에 따라 움직이고 있다. 글로벌지속가능투자연합GSIA에 따르면 2020년 6월 기준 글로벌 ESG 관련 투자 자산이 40조 5000억 달러로 2018년 대비 31%가 증가했다고 한다. 이에 더 나아가 2021년 12월 10일, 글로벌 회계·컨설팅 법인 EY한영에 따르면 전 세계 19개국 320개 기관투자가들을 대상으로 실시한 '2021 EY 글로벌 기관투자가 6차 설문조사GIIS, Global Institutional Investor Survey' 결과 74%의 기관투자가가 ESG 성과가 저조한 기업들에 대한 투자를 거둬들일 의향이 있다고 응답했다.

뿐만 아니라 정부에서는 부처별로 ESG 경영 인센티브도 제공한다. ESG 우수기업의 국가 연구개발R&D 사업 참여 시 가점을 부여하는 등 재정사업 지원 시 우대정책을 마련한다는 것이다. 조달청은 공공조달 낙찰자 선정 시 신인도 평가 가점을 부여하고 환경부는 환경성 평가 우수기업에 우대금리를 확대 제공하기로 했다.

투자, 규제, 거래, 정부 인센티브 등 기업을 둘러싼 시장 상황이 이러하다 보니 비즈니스 경영에 있어서 ESG는 선택이 아닌 필수인 시대가 되었다. 그렇다면 ESG는 도대체 어떻게 비즈니스의 절대 키워드가 되었을까?

ESG의 시작과 과정, 그리고 미래 전망

과거를 알면 미래가 보이는 법이다. 먼저 ESG라는 단어가 처음 등장했던 때는 2005년으로 거슬러 올라간다. 그 이전에도 기업의 사회적 책임$^{CSR,\ Corporate\ Social\ Responsibility}$이라는 기업의 자발적인 노력은 있었다. 하지만 그것만으로는 기업이 환경^{E}과 사회^{S}에 미치는 부정적인 영향을 줄이기에는 역부족이었다. 그래서 유엔에서는 기업을 움직일 수 있는 가장 강력한 이해관계자인 '투자자'를 동원한다. 바로 금융기관의 지속가능성을 목표로 맺어진 유엔환경계획^{UNEP}과 금융부문 간의 공공-민간 파트너십인 유엔환경계획 금융이니셔티브$^{UNEP\ FI}$가 '금융 투자를 할 때 ESG를 고려하는 것이 수탁자 책무에 대한 책임 있는 투자$^{Responsible\ investment}$다'라는 법률 해석을 내놓은 것이다. '수탁자 책무'라는 것은 남의 돈을 맡은 금융기관이 가져야 하는 책임과 임무다. 즉, 돈을 대신 맡은 금융기관이 ESG에 반하는 기업들은 포트폴리오에서 제외한다거나, 기관투자가가 투자 기업의 의사결정에 적극적으로 참여하는 식으로 기업 가치를 제고하는 것을 수탁자의 책무이자 책임 있는 투자라고 정의한 것이다. 이를 통해 'ESG'가 공식 용어로 세상에 등장하게 된다.

유엔환경계획 금융이니셔티브에는 전 세계 대표적인 은행, 투자펀드사, 보험사 등 200여 금융기관들이 회원으로 등록되어 있다. 이처럼 ESG는 기업이 가장 우선적으로 추구하기도 하고 두려워하기도 하는 '투자' '금융' '돈'이라는 단어와 밀접하게 연결되어 시작되었다.

그리고 1년 뒤인 2006년 4월 유엔환경계획 금융이니셔티브 및 유엔글로벌콤팩트 UN Global Compact가 글로벌 기관투자가들과 함께 발표한 유엔 책임투자원칙 PRI, Principles for Responsible Investment 은 연기금 등이 수탁자로서 투자 의사를 결정할 때 투자 대상 기업의 재무적 요소뿐만 아니라 ESG 등 비재무적 요소를 함께 고려해야 한다는 원칙을 담게 된다. ESG가 금융의 국제 표준으로 지정된 것이다. PRI는 2021년 기준 국민연금을 포함한 60개국 이상 4000곳 이상의 서명 기관이 가입되어 있으며, 이들의 자산만 120조 달러(약 12경 원)가 넘는다.

2010년에는 국제표준협회 ISO가 각국 전문가들의 의견을 취합해 사회 책임과 관련된 국제 규범과 가이드라인을 한곳에 모아 기업을 비롯한 모든 조직의 사회적 책임 가이드라인인 'ISO26000'을 발표했다. ISO26000은 ESG에서 강조하는 요소들을 지속가능경영 측면에서 구체적으로 담았다. 이 가이드라인은 사회의 모든 조직이 의사결정 및 활동 등을 할 때 사회에 이익이 될 수 있도록 하는 책임을 규정한 것으로 지배구조, 인권, 노동 관행, 환경, 공정거래, 소비자 이슈, 공동체 참여 및 개발 등 7가지 주제와 이에 대한 실행지침과 권고사항 등을 담고 있다. 또한 이는 '기업'에만 국한된 것이 아니라 산업계, 정부, 소비자, 노동계, 비정부기구 NGO 등 7개 경제주체를 포함한다.

2015년 유엔은 2030년까지 17개 영역에서 인류가 함께 달성해야 할 지속가능 발전 목표SDGs, Sustainable Development Goals를 발표했다. 크게 사회 발전, 경제성장, 환경 보존 세 가지 축으로 구성되며 17개 목표, 169개의 세부 목표로 구성되어 있다. 목표 달성을 위해 수백 개의 지표를 만드는 과정에서 중요하게 고려한 것은 하나다. 바로 '단 한 사람도 소외되지 않게 할 것'이라는 핵심가치다. 이를 위해 성별, 연령, 거주지, 인종, 언어, 장애 여부, 사회경제적 수준에 따라 통계를 분리하여 취합했다. 숫자에 가려진 '단 한 사람'이라도 놓치지 않기 위해서다.

2019년 8월에는 미국의 기업 CEO 181명이 한자리에 모여 비즈니스 라운드 테이블BRT 회의를 개최했다. 여기서 1997년 기업의 가장 중요한 목적은 '주주 이익 추구'라고 정의 내렸던 CEO들이 22년 후 BRT에서 '주주를 포함한 모든 이해관계자, 즉 고객·임직원·정부·시민단체·지역 사회 등을 위한 가치 창출'을 기업의 목적으로 변경했다.

뉴욕매거진의 부편집장이자 칼럼니스트 데이비드 월리스 웰스는 저서《2050 거주불능 지구》를 통해 "온난화를 이대로 내버려 두었다가는 미국 경제 규모는 21세기 말까지 대략 10% 정도 축소되고, 상상하지 못한 고통을 겪게 될 것이다. 더욱이 평균 온도가 2도 높아지면 빙상이 붕괴하기 시작할 것이며, 이에 따라 4억 명이 넘는 사람들이 물 부족으로 고통을 겪게 될 것이고, 적도권에 위치한 주요 도시들은 사람이 살 수 없는 곳이 될 것이다. 북반구에서도 폭염으로 여름마다 수천 명이 사망할 것이며, 인도에서는 폭염이 지금보다 32배 더 자주 발생하고, 93배 많은 사람이 폭염에 노출될 것이다"라고 말했다. 이제 이익 추구만을 목적으로 하던 기업들도 환경과 사회, 그리고 이해관계자를 고려하지 않은 비즈니스 이익 추구는 불가능하다는 것을 깨달은 것이다. 바꾸어 말하면 '주주 이익 추구'를 위해서라도 이해관계자 모두를 위한 가치 창출을 해야만 하는 시대가 된 것이기도 하다. 누군가는 181개 기업이 서명을 한들 얼마나 영향이 있겠냐고 생각할 수 있지만, 이 기업들의 소속 종업원 수가 1500만 명에, 한 해 매출 합계는 대한민국 정부 1년 예산의 18배인 8400조 원에 이른다.

여기서 중요한 것은 이러한 일련의 움직임들이 각각 동떨어진 게 아니라는 것이다. CSR이라고 하는 기업의 자발적인 사회적 책임 수행이 지구와 사회가 올바르게 작동하기 위한 수준을 맞추지 못하고, 환경과 사회에 부정적인 영향과 문제점을 계속 야기했다. 결국 유엔은 기업을 움직일 수 있는 핵심 이해관계자인 '투자자'를 동원했다. 또한 기업들도 기후 위기 등 환경과 사회에 미친 부정적인 영향이 마치 부메랑처럼 돌아와 기업의 비즈니스조차 저해할 수 있다는 것을 직시하면서 ESG가 여러 규제와 각성의 형태를 거쳐 비즈니스에서 절대 빠질 수 없는 키워드가 된 것이다.

ESG, 돈의 흐름을 바꾸다

우리금융지주 부회장, 국민연금공단 이사장, 제1대 금융위원회 위원장을 역임한 전광우 세계경제연구원 이사장은 ESG가 각국 자금 시장의 주류로 자리 잡게 된 원인을 'BBC'라고 설명한다. 첫 번째 'B'는 세계 최대 자산운용사인 블랙록이다. 블랙록의 래리 핑크 회장은 2021년 초 투자자들과 기업 최고경영자에게 '거의 모든 투자에 ESG 평가를 반영할 것'이라는 연례서한을 보냈다. 기후 리스크가 투자 리스크이면서 동시에 역사적 투자 기회라는 것이다. 두 번째 'B'는 미국의 바이든 대통령으로 취임과 동시에 파리기후협정 복귀를 선언했고, 친환경 산업에 전폭적인 지원을 하고 있다. 마지막 'C'는 코로나19다. 팬데믹의 원인 중 하나로 기후 변화가 지목되었는데, 이는 국제 사회에 ESG의 중요성을 일깨웠으며, 개인에게는 기후 위기를 더 체감시킨 계기가 되었다.

　이러한 변화를 바탕으로 ESG가 자본의 흐름에 큰 영향을 끼치게 되면서 재무적 성과만 집중적으로 고려한 기존의 투자, 특히 벤처 투자에서도 큰 변화가 일어났다. '벤처 투자'는 위험 부담은 있지만 일반 평균 이익보다 많은 이익을 가져올 가능성이 있는 기업에 자금을 지원하는 것을 의미한다. 그러다 보니 고도의 첨단 기술을 보유하고 있거나, 성장 가능성이 큰 기업에 투자가 이루어졌다.

그런데 블랙록이 거의 모든 투자에 ESG 평가를 반영할 것이라고 했던 것처럼 비즈니스의 재무적인 성과 이외에도 환경E, 사회S, 거버넌스G에 대한 비재무적 요소별 리스크가 커지면 투자의 수익성을 보장할 수 없다는 경험치가 쌓여 'ESG 투자'가 중요해졌다. 한편, '임팩트 투자'는 환경적, 사회적 임팩트를 창출할 수 있는 기업에 투자하는 것이다. 제현주 인비저닝 파트너스 대표는 '임팩트 투자는 ESG 투자의 가장 적극적 형태'라고 표현한다. 간단히 설명하자면 '임팩트 투자'란 세상이 지속가능하게 하는 임팩트를 주는 기업에 투자하는 것을 의미한다. 예를 들면, 투자를 받은 제약회사가 저렴한 신약을 개발해서 다양한 사람들이 혜택을 누리고 건강 양극화가 줄어듦으로써 세상에 긍정적인 영향을 만드는 것이다.

반면 'ESG 투자'는 리스크를 발생시키지 않고, 수익을 장기적으로 많이 얻을 수 있도록 하는 투자다. 환경E, 사회S, 거버넌스G 세 가지 영역에서 부정적인 이슈를 만들지 않고 소비자, 임직원 등 이해관계자로부터 지지를 얻어 비즈니스를 지속적으로 영위할 수 있는 제약회사를 찾아 투자하는 것이다. ESG 투자와 함께 임팩트 투자의 위상도 높아졌다. ESG 경영의 중요성이 높아지니 이제는 일반 투자사들도 ESG를 고려한 투자로 확장하면서 임팩트 투자사들로부터 ESG 투자의 모범사례 가이드를 받고 있다.

마찬가지로 요즘 스타트업 업계에서는 소셜 벤처와의 구분이 어려운 경우를 많이 본다. 본래 스타트업은 '세상의 문제를 해결하기 위해 가장 혁신적인 방법으로 미션을 해결하면서 빠르게 성장하는 기업'이다. 이는 세상의 문제를 해결하는 게 목적인 소셜 벤처와 따로 구분 짓지 않아도 될 만큼 스타트업과 소셜 벤처의 창업 배경이 비슷하게 다가온다.

2021년 한 해 동안 국내에서 새롭게 등장한 유니콘 기업의 기업 가치 추산액이 30조 원이 넘고, 이는 국내 기업 시가총액의 10위권에 해당될 정도다. 이제 산업계에서는 스타트업이 혁신과 경제 성장을 주도하고 있다. 한국벤처캐피탈협회에 따르면 2021년 3분기까지 코스닥에 상장한 기업 70개사 중 43개사가 벤처 캐피털의 자금으로 성장한 기업 Venture-Backed Company, 즉 스타트업 출신 기업이고, 스타트업이 만들어낸 일자리는 전체 기업 평균의 3배가 넘는다고 한다.

ESG와 연관된 스타트업에 대한 투자 규모도 커지고 있다. 국내 최대 농업 스타트업 그린랩스는 2022년 1월 1700억 원 규모의 투자를 유치하여 누적 투자금이 2100억 원에 달한다. 그린랩스는 2017년 출범해 2021년 매출액이 약 1000억 원에 달하는 데이터 농업 스타트업이다. 작물 생육 모니터링부터 농장 환경 원격 제어까지 스마트폰 앱 하나로 할 수 있게 하는 클라우드 기반 데이터 농업 솔루션 '팜모닝'이 대표 서비스이고, 이 서비스를 이용하는 농가는 50만여 곳으로 국내 전체 농가 약 100만 곳의 절반에 가깝다.

특히 그린랩스의 농가 탄소배출권 거래 서비스 '팜모닝 카본'을 SK 각 사와 연계하는 ESG 협업도 돋보인다. 저탄소 농법을 실천하는 농가가 탄소배출권을 넷제로$^{Net-Zero}$ 경영에 돌입한 SK 그룹사에 판매하는 방식이다. 정부 역시 2050년까지 탄소 배출량이 흡수량과 같거나 적어 순배출이 '0'인 넷제로를 달성하기 위해 2030년까지 온실가스를 2018년 총배출량 대비 40% 줄인다고 발표했다. 정부의 탄소 중립 시나리오는 강제성은 없지만 구체적인 이행 계획을 법제화하기 때문에 산업계에는 영향이 크다. 특히 탄소 배출량이 많은 철강(95%)·시멘트(53%)·석유화학 및 정유(73%)는 물론 반도체·디스플레이(78%) 등 전력 다소비 업종도 2018년 대비 2050년까지 배출량 대부분을 줄여야 하는 상황이다.

그러다 보니 탄소 중립을 실현하기 위해서는 수소환원제철·이산화탄소 포집·저장·활용 기술^{CCUS}과 같은 기술 확보도 필요한데, 이런 기술은 2050년까지 상용화가 가능할지도 미지수라는 것이 우려되는 부분이다. 만약 기술을 확보하지 못하면 막대한 비용을 들여 탄소배출권을 구매하거나 아예 사업 자체를 이어 가지 못할 수도 있어 기업에 커다란 위기가 될 수 있다. 앞으로 탄소 중립이 가속화되고, 경기 회복으로 산업·발전·수송부문 등이 활발해지면 배출권 수급이 더욱 힘들어지고, 이는 결국 탄소배출권의 가격 인상으로 이어진다. 그래서 농가로부터 탄소배출권을 거래할 수 있는 '팜모닝 카본'과 같은 사업이 기업의 러브콜을 받게 되는 것이다.

'일자리 기회를 넓혀 인간의 존엄성을 넓힌다'는 미션을 가지고 있는 두핸즈(DOHANDS, 전 두손컴퍼니)는 전자상거래 분야 통합물류관리 기업으로 '네이버 풀필먼트 얼라이언스 NAVER Fulfillment Alliance'에 참여해 45만 스마트스토어 사업자에게 서비스형 풀필먼트 '품고'를 제공하고 있다. 품고는 제품 입고부터 보관, 포장, 반품, 해외 배송까지 공급망관리 SCM 전반을 대행하고, 글로벌 운송업체 페덱스 공식 파트너사로서 220개 국가 배송을 지원하고 있다. 무엇보다 두핸즈는 미션에 맞게 전체 직원 가운데 30%를 취약계층으로 고정해 채용하고 있다. 사업적 성과와 비전을 인정받아 2021년 9월 216억 원 규모의 시리즈B 투자를 유치해 누적 투자금액이 320억 원에 달한다.

2022년부터 대기업 지주회사가 기업 주도형 벤처캐피털 CVC, Corporate Venture Capital을 설립할 수 있게 됐다. 이에 여러 대기업들이 지주회사 아래에 CVC 설립을 추진할 전망이다. 최근 기업들은 코로나19와 같은 예기치 못한 상황을 맞이한 후 과거 성장 전략만으로 미래를 대비할 수 없다는 걸 체감했다. 이에 벤처 기업을 발굴하는 과정에서 새로운 사업 분야를 찾고, 외부로부터 새로운 기술과 인력을 확보하며 신시장을 개척하는 목적으로도 CVC가 부상하고 있다. 시장조사기관 CB인사이츠에 따르면, 글로벌 CVC 투자 규모는 2020년 약 731억 달러 규모를 기록했고, 한 해 동안 3300여 건의 투자가 성사였다고 한다.

CVC는 벤처, 스타트업이 성장할 수 있도록 돕는 조력자 역할을 하며, 대기업과 스타트업이 상생할 수 있는 ESG 경영의 일환도 될 수 있다.

ESG 경영을 시작하기 위한
세 가지 질문

ESG는 이제 거스를 수 없는 흐름이 되었다. 기업의 비즈니스 근간이 되는 시장이 환경과 사회의 영향으로 빠르게 변하고 있고, 투자·거래·규제와 같은 외부적인 요인들이 강하게 기업의 변화를 촉구하고 있다. 그러다 보니 현장에서는 ESG가 투자·경영·규제 등의 형태로 기업의 실무자들에게 톱다운Top Down 숙제로 주어지는 경우가 많다. 또 소비자·임직원·이해관계자·인플루언서 등을 통해 변화를 원하는 시장의 필요를 느끼고 리더나 실무자가 먼저 움직이는 경우도 있을 것이다.

우선 ESG라는 키워드가 기업과 조직에 어떤 영향을 줄 수 있는지 먼저 짚어보는 것이 필요하다. 나무보다 숲을 보듯이 전체적인 그림을 그린 다음 구체적으로 내 업무에 어떻게 연결할지를 생각해야 하는 것이다.

그러기 위해서는 'Beyond ESG', 바로 ESG 너머의 맥락을 알아야 한다. ESG를 좀 더 거시적으로 바라보고 왜 ESG 경영을 해야 하는지, 기존 경영과 ESG 경영이 어떻게 달라져야 하는지를 이해해야 현장의 적용에도 도움이 된다. 이를 위해 ESG를 업무에 적용하기 전에 생각해 봤으면 하는 세 가지 질문이 있다. ESG 경영 및 지속가능한 기업을 만들기 위해 근본적으로 생각해야 할 문제다. 질문과 함께 ESG 경영을 이미 잘하고 있는 기업들은 어떤 면에서 선도적인 모습을 보여주고 있는지 함께 살펴보자.

목적이 기업을 이끄는가?

'사명'이란 비즈니스의 중요한 방향을 결정하는 기준이자, 기업의 경영 철학이다. 단순히 '202×년 매출 목표'가 아닌 기업의 존재 가치와 의미에 대한 정리가 먼저 필요하다. 그리고 기업의 모든 구성원이 그 목적과 가치에 대해 동일하게 이야기할 수 있어야 한다. 예를 들어 ESG 경영의 '넘사벽', 파타고니아의 사명은 '우리는 우리의 터전, 지구를 되살리기 위해 사업을 한다(We're in business to save our home planet)'이다. 이익이 아닌 환경을 위해 비즈니스를 이용한다는 것이다.

사실 파타고니아 티셔츠는 다른 브랜드의 제품에 비해 비싼 편이다. 하지만 이들은 한 제품을 오랫동안 입을 수 있도록 좋은 퀄리티의 제품을 만들고 매장 안에 수선실을 둬서 고쳐 입을 수 있도록 했다. 보다 많은 의류를 팔아야 매출이 올라가는데, 의사결정의 지점에서 사명인 '환경'을 위해 이익 달성에 어긋나는 결정을 한 것이다. 그렇기 때문에 파타고니아는 비용이 더 들어감에도 불구하고 화학비료와 농약을 쓰지 않고 대기 중의 탄소를 흡수하는 재생 유기농법을 통해 재배한 유기농 면 100%로 옷을 만든다. 더불어 환경에 진심인 작은 파타고니아 같은 스타트업들에 투자한다.

그러다 보니 우리 집처럼 전기도 쓰지 않는 자연 친화적 캠핑을 즐기고 친환경적인 소비를 하려는 사람들은 이 기업에 열광하게 된다. 기업의 브랜드를 나의 퍼스널 브랜드로 연결 짓고 싶은 것이다. 그 결과 파타고니아는 다른 기업들이 볼 때는 종종 이익에 어긋나는 비즈니스 결정을 내림에도 불구하고 수많은 마니아들을 등에 업고 미국 아웃도어 의류시장 점유율 2위를 차지하고 있다.

파타고니아처럼 기업의 경영 철학과 가치에 열광하는 소비자와 임직원을 만들기 위해서는 먼저 비즈니스의 목적을 정의하고, 안팎으로 소통해야 한다. 그렇다면 우리 조직의 목적을 생각해 보자. 한 문장으로 정의할 수 있는가? 우리 조직에 소속된 직원들도 똑같이 이야기하는가? 만약 명확한 목적이 없다면 이를 먼저 설정하고, 임직원뿐만 아니라 고객, 파트너도 같은 방향을 보도록 끊임없이 소통해야 한다. 그렇다면 어떻게 해야 조직의 목적을 보다 잘 정의할 수 있을까?

이를 위한 유용한 양식을 추천한다. TED 5000만 뷰와 아마존 최장기 베스트셀러를 기록한 사이먼 시넥의 '골든 서클 Golden Circle'이다. 기업을 지속적인 성공으로 이끄는 과정을 뇌의 3중 구조를 닮은 골든 서클이라는 개념으로 설명한다.

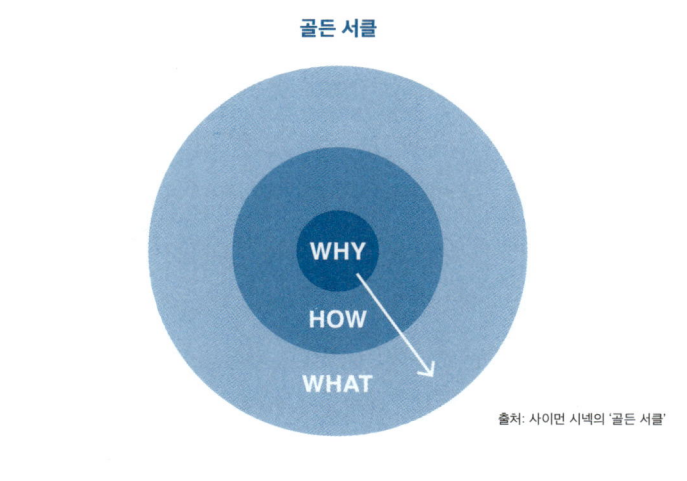

출처: 사이먼 시넥의 '골든 서클'

왜(WHY)?
그들이 하는 일을 왜 하고 있는지 아는 조직은 거의 없다.

'WHY'는 돈을 버는 것에 대한 것이 아니다. 돈은 결과다. 'WHY'는 목적이자 원인이자, 믿음이다. 그것은 바로 당신의 조직이 존재하는 이유다.

어떻게(HOW)?
어떤 조직에서는 그들이 어떻게 일을 하는지 알고 있다. 이것은 그들을 특별하게 만들거나 경쟁자들과 차별화시킨다.

무엇을(WHAT)?
모든 조직은 그들이 무엇을 하는지 알고 있다. 이것은 그들이 판매하는 제품이나 서비스다.

ESG의 관점으로 보면 기업이 왜 비즈니스를 하는지 물을 때 그 답이 그저 이윤 창출이 되어서는 안 된다. 이윤 창출은 비즈니스의 결과다. '왜'라는 것은 기업의 목적이 무엇인지, 기업의 존재 이유가 무엇인지, 기업의 가치와 신념이 무엇인지를 의미한다. 테슬라가 기업의 목적을 '인류의 에너지 문제를 해결하는 것'으로 정의했던 것처럼 말이다. 테슬라는 이런 사명감 있는 목적 덕분에 자신들을 '전기자동차 회사'로 한정 짓지 않고, 에너지 문제 해결을 위해 우주까지 진출하려는 혁신적인 시도도 한다.

여전히 많은 조직이 수익 극대화를 부르짖으며 여러 시도를 반복하다가 결국 본질을 잃은 채 위기를 극복하지 못하고 세상에서 잊혀진다. 그리고 어떤 조직은 사람들에게 놀라운 인사이트를 주며 업계의 롤모델이 된다. 어떤 차이가 있을까? 자세히 들여다보면 위기에 처한 조직은 원인 분석, 개선 방안 도출 등 일회성의 소모적인 업무를 끊임없이 반복하며 돌파구를 찾는다. 반면 세상을 변화시키며 사람들에게 영감을 주는 기업은 핵심 가치와 신념, 경영 철학인 '왜Why'를 전하는 일에 집중하며 제품과 서비스, 광고, 조직문화 등에서 고객이 이를 느낄 수 있도록 만든다. 그리고 기업 행보에 공감하고 신뢰를 형성한 사람들은 충성 고객이 되며, 회사는 결과적으로 이윤 창출을 달성하게 되는 것이다. 조직의 '왜'를 조직과 구성원 그리고 소비자들에게까지 합치시켜야 하는 이유다.

기업의 비즈니스 전략 및 방향성은 무엇인가?

세계 3대 자산운용사인 스테이트스트리트 글로벌어드바이저SSGA의 벤저민 콜튼 스튜어드십팀 공동대표는 "ESG는 어떤 기업이 계속 사업을 해 나갈지, 어떻게 리스크를 줄여나가는지 따져보는 고도의 투자 전략"이라고 말했다고 한다. ESG는 코로나19 같은 초대형 위험을 만나도 기업이 살아남을 수 있도록, '체질 개선'을 압박하는 수단에 가깝다는 것이다.*

실제로 세계 최대 담배회사 필립모리스의 CEO가 "향후 담배보다는 건강 사업 부문에 집중하고, 회사 연간 매출의 절반을 금연 제품에서 얻을 방침"이라고 발표한 것을 보고 깜짝 놀란 적이 있다. 건강에 안 좋은 담배회사가 건강 사업 부문에 집중하겠다니, 그럼 기존 사업을 접겠다는 이야기인가 싶어서다. 이러한 발표의 배경을 살펴보니 담배 때문에 건강을 해쳤다는 소송이 잇따르고, 담배에 부과되는 세금이 늘어나는 한편 건강에 관심이 많은 MZ세대 소비자를 포함한 고객층의 흡연율이 떨어지고 있었다. 실제로 필립모리스의 담배 판매량은 2012년 9270억 개비에서 2020년 6290억 개비로 감소했다. 어차피 매출이 감소하고 있으니 비즈니스 전환을 위한 '10년 내 연초형 담배 판매 중단'이라는 공격적인 목표를 제시하며 제품 다각화 전략을 펼치는 것이다.

여기서 주목할 점은 자사의 현재 비즈니스 모델과 전략까지도 의심해 볼 필요가 있다는 것이다. 만약 필립모리스가 현재 비즈니스의 주요 매출이 나오고 있는 '연초형 담배'에만 집중하고, 해당 매출을 극대화하는 전략을 펼친다면 더 큰 흐름을 볼 수 있는 기회를 놓칠 수도 있다. 필름 카메라처럼 사업 자체가 사양 사업이 될 때까지 붙잡고 있다가 역사의 뒤안길로 사라질 수도 있다.

● 출처: [Mint] 대세가 된 ESG투자… 모르면 돈 못 법니다 (조선일보, 2020.9.20.)

성공적으로 비즈니스 전환Business Transformation을 한 사례도 있다. 덴마크 국영 석유기업 '동 에너지'는 원래 북해에서 석유와 천연가스를 생산하던 회사였다. 그러나 2017년 석유 사업 부문을 전부 매각하고, 사명도 오스테드로 바꾸며, 최근에는 풍력·태양열·스토리지 솔루션과 같은 고성장 재생에너지 회사로 탈바꿈했다. 과연 이 회사의 변신은 성공했을까? 2016년 270크로네(약 5만 원) 안팎이던 이 회사 주가는 4년 만에 3배 이상 오른 약 850크로네에 거래되었다.

이런 비즈니스 전환 너머에는 ESG가 반영되어 있다. 기업이 비즈니스를 지속할 수 있도록 미래의 비즈니스 모델을 제시하는 것도 ESG 개념과 궤를 같이한다. 경영진이 미래를 내다보는 의사결정을 내릴 수 있도록 ESG 담당자는 의견을 내야 하고, 현장의 실무자도 이를 염두에 두어야 한다.

이를 위해서는 현재 비즈니스 매출이 발생하고 있는 사업 모델도 지속가능성이 있는지 살펴보고, 필요하다면 선제적인 전환을 통해 ESG 흐름에 발 맞춰야 한다. 예를 들어 파타고니아는 공급망 선정 시 네 가지 요소를 고려하는데 첫째는 비즈니스Business, 둘째는 품질Quality, 셋째는 사회적 책임Social Responsibility, 넷째는 환경적 책임Environmental Responsibility이다.

만약 공장을 짓는다고 할 때, 비즈니스나 품질만큼 근로자들의 작업 환경, 공장 생산과정에서 환경에 대한 영향을 줄이기 위한 시스템 구축 등을 함께 고려한다는 것이다. 최종 결정을 하기 위한 과정으로 네 분야의 팀장들이 모여 함께 회의를 하고, 한 명이라도 이의를 제기한다면 재고하고 개선한다. 만약 조직에서 ESG를 고려하며 비즈니스의 전략과 방향성을 고민할 때 위의 네 가지 요소를 숙고해보자. ESG 경영의 수준을 상당히 끌어올릴 수 있을 것이라고 기대된다.

측정 가능한 타깃을 설정해 지속적으로 관리하는가?

처음 ESG는 투자 관점에서 시작되었다. 자연스럽게 투자에 대한 의사결정을 내릴 수 있도록 ESG가 지표화, 객관화, 투명한 공개화가 되는 것이 매우 중요할 수밖에 없다. 재무제표가 기업의 경영 성적 및 재정 상태를 외부에 공개할 때 쓰는 것처럼 비재무지표인 ESG는 환경[E], 사회[S], 거버넌스[G]에 대한 기업의 장기적인 리스크와 체질적 건강도를 외부에 공개할 때 사용된다. 기업들은 당연히 투자자, 거래 기업(원청)들이 요구하는 지표에 대해 우선적으로 관리하게 되는데, 이러한 ESG 관련 지표와 수치들이 기업이나 기관마다 모두 다르면 의사결정에 어려움이 있기 때문에 공신력 있는 지표가 중요하다.

또한, ESG 경영에 있어서 중요한 것은 어떤 리스크를 관리·개선해야 할지 우선순위를 결정하는 것이다. 이런 의사결정을 위한 측정을 잘하기 위해서는 데이터 취합 및 가공, 분석이 필수적이고, 처음 프로그램을 설계할 때부터 데이터를 어떻게 관리하고 활용할지에 대한 그림을 그리는 것이 중요하다. 특히 '공시' 기준과도 관련이 깊다. 이제 2025년부터 자산 2조 원 이상 상장사, 2030년부터 모든 코스피 상장사가 '지속가능경영 보고서'에 대한 공시의 의무를 가진다. 지속가능경영 보고서의 경우 일반적으로 3~5년 정도의 데이터와 측정치를 발표하는 경우가 대부분이어서 2조 원 이상 상장사의 경우 당장 2022년부터 데이터 측정과 관리를 해야 하는 것이다. 예를 들면, 탄소 배출의 경우 2022년부터 각 연도마다 증감 추세를 가시적인 숫자로 정리하고, 이에 대해 어떤 절감 노력을 기울이고 있는지, 목표에 맞게 진행이 잘 되고 있는지를 보여줘야 한다.

'측정'은 사후 평가로도 의미가 있지만, 선택과 집중을 잘 하기 위해서도 필수적이다. 어느 기업이나 예산과 자원은 한정적이다. 따라서 어떤 사업·프로그램이 비즈니스적, 사회적 임팩트를 더 크게 창출할지 파악하는 게 중요하다. 예를 들어, 1000만 원이 있다면 해당 예산으로 저소득 가정의 학생들을 지원할지, 쪽방촌 노인을 위한 프로그램을 지원할지, 개발도상국의 소셜 벤처에 투자할지 등 여러 방안 중에서 예상되는 결과를 비교·분석하여 의사결정을 해야 한다.

이때 측정과 평가 외 중요한 고려요소는 '업業에 관련된 것인가'와 '지속가능한가'다. 만약 성인 여성이 비즈니스의 주요 타깃이라면 여성과 직접적인 관련도가 높은 프로그램이 당연히

1순위가 되고, 어린이나 청소년 등 성인 여성에 간접적인 영향을 미칠 수 있는 대상이 2순위가 될 것이다. 또는 해외 진출 계획이 있다면 사회 공헌을 처음 시장을 여는 기회Door Opener로 활용할 수도 있다. 이때 주의할 점이 '지속가능성'이다. ESG, CSR, 사회 공헌은 모두 짧은 기간 안에 효과를 내기가 매우 어렵다. 그러다 보니 한정적인 자원을 고려해 처음 의사결정을 신중히 하고, 트렌드보다 지속적으로 할 수 있는 것에 예산과 자원을 쏟아야 한다.

그렇기에 시작할 때 출구 전략Exit Strategy도 마련해 둬야 한다. 해외 국가에서 자연재해가 발생해 물을 판매하는 기업이 무상으로 물을 제공하다가 일정 기간이 지난 뒤 물을 더 이상 지원하지 않게 되자 시민과 언론으로부터 비난의 목소리를 듣게 되었다는 실제 사례가 있었다. 의사결정 전에 자원이 얼마나 들어갈지, 기업이 어디까지 지원이 가능한지 등을 명확히 판단하여 기대치Expectation Management를 맞추고 관리해야 한다.

어떻게 보면 환경E은 측정 방법이 가장 발전되어 있고, 수치화하기가 용이하다. 그런데 사회S 영역은 측정과 평가가 쉽지 않고, '사회적 임팩트 측정'의 경우 아직 명확한 정답이 없는 경우도 많다. 게다가 기업에 따라 추진하는 프로그램이 달라 상대적인 비교도 쉽지 않은 영역이다.

그렇다면 어떻게 해야 할까? 사회S 영역에 대한 측정과 평가에 대해 오랜 기간 동안 관심을 가지고 발전시켜 온 SK그룹의 경우를 보자. 대한적십자사와 SK텔레콤이 함께 만든 헌혈 앱 '레드커넥트'의 경우, 해당 앱을 쓰지 않는 경우에 비해서 앱을 사용할 때 재헌혈률이 22.4% 증가했다고 한다(2020년 기준). 이를 기준으로 보다 정확하게 해당 앱의 사회적 가치Social Impact를 측정하기 위해 먼저 레드커넥트 사용자와 미사용자의 재헌혈률 차이를 비교했다.

- 2020년 레드커넥트 활용 헌혈자의 연평균 헌혈 횟수: 2.46회
- 2020년 레드커넥트 미활용 헌혈자의 연평균 헌혈 횟수: 2.01회

이를 통해 레드커넥트 활용 헌혈자가 미활용자에 비해서 연간 22.4%(0.45회) 헌혈을 더 많이 한다는 것을 측정했다. 그리고 레드커넥트 실제 멤버 수와 스마트 헌혈 1건의 경제적 가치를 곱해 레드커넥트로 새롭게 창출한 사회적 가치를 아래와 같이 경제적 가치로 환산해 산출할 수 있었다.

- 2020년 레드커넥트 헌혈자 실인원 수: 7만 5903명
- 스마트 헌혈 1건의 가치: 15만 1412원(적십자사 혈액 사업 수입과 혈액 검사의 가치를 기준으로 산출)
- 레드커넥트를 통해 2년간 사회적 가치 98.1억 원 창출

'측정할 수 없으면 관리할 수 없다(What gets measured, gets

managed).' 경영의 구루, 피터 드러커가 쓴 책《경영의 실제》에 나오는 유명한 문장이다. 당장의 정답이 있는 것은 아니더라도 ESG 경영의 지표화, 객관화, 투명한 공개화를 위해 지속적으로 변화를 측정 및 관리해야 하는 이유다.

ESG 경영이
한국에서 급부상한 이유

2018년 〈'착한 기업'의 시대가 온다〉라는 스토리북을 폴인에서 연재했다. 하지만 안타깝게도 '착한'의 어감이 곧 '선함'과 '약함'으로 이어지는 경우가 많았다. 그래서 같은 해 12월, 콘퍼런스를 열었을 때는 다른 제목을 붙였다. 〈임팩트: 진짜 강한 비즈니스에는 철학이 필요하다〉라는 제목으로, '선함 VS 악함' '약함 VS 강함'의 프레임을 깨면서, '착한 기업은 돈을 잘 벌지 못할 것'이라는 편견도 극복하고 싶었다. 길게, 크게 보는 기업이 사회적인 가치도 창출하면서 돈도 잘 버는 시기가 올 거라고 봤기 때문이다. 당시 초대했던 기업들도 사회 문제를 해결하려는 소셜 섹터에 뿌리를 두고 있는 기업이 아닌, 일반 기업 및 스타트업으로 구성했다.

그리고 지금, 2018년 콘퍼런스에 참여했던 그 기업들은 훨씬 잘나가고 있다. 당시 콘퍼런스에서 함께했던 업사이클링 브랜드, 래코드는 BTS가 유엔 총회에서 입은 슈트로 유명세를 탔다. 래코드는 코오롱FnC의 재고 의류와 친환경 원단을 사용해 새로운 컬렉션을 제안하는데, 이는 제76차 유엔 총회의 '지속가능 발전 목표 SDGs 모멘트' 개회 세션의 콘셉트 및 메시지와도 일맥상통한다.

또 다른 참여 기업, 기술 기반 금융 산업으로 측정 가능하고 가시적인 소셜 임팩트를 만들어내는 렌딧도 2021년 6월 국내 1호 온라인 투자 연계 금융업자로 금융위원회에 등록이 되었다. IT 기술과 금융이 융합된 기술 기반의 이 새로운 금융 산업을 세심하게 정의해 혁신 산업으로 육성하고 더불어 소비자 보호를 강화할 수 있도록 제정된 세계 첫 사례를 국내 스타트업이 만들어낸 것이다.

마지막 참여 기업은 사회적 가치를 지닌 비즈니스 모델로 피버팅(Pivoting, 기존 사업 아이템을 포기하고 방향 전환에 나서는 것)했던 휴먼스케이프였다. 휴먼스케이프는 환자들로부터 유전체 정보를 받고 이들의 건강 상태를 꾸준히 기록할 수 있도록 하는 서비스인 블록체인 기반 데이터 플랫폼 '레어노트'를 운영하고 있다. 2021년 11월 카카오는 휴먼스케이프의 기술을 토대로 다양한 의료 데이터를 모을 수 있을 것으로 기대하고 투자 계약을 맺었다. 이처럼 당시 콘퍼런스에 함께했던 기업들이 시간이 흐르자 '가치'와 '성장'이라는 두 마리 토끼를 모두 잡은 기업으로 성장했다. 그리고 옳은 가치를 실천하는 '착한 기업, 진짜 강한 기업'의 바탕에는 ESG가 있었다.

2020년 11월과 비교했을 때 2021년 4월 한국에서의 ESG 검색량은 무려 40배가 증가했다. 그리고 지금 이 순간도 기업뿐만 아니라 각종 단체 심지어 음식점까지 ESG 경영에 적극적으로 뛰어들고 있다. 그렇다면 전혀 생소하던 ESG가 우리나라에서 급부상한 이유는 무엇일까?

ESG가 주도하는 돈의 흐름

첫째, 유엔 책임투자원칙의 본격화를 통한 금융권의 변화가 우리나라에도 닥쳤다. 2006년 ESG 투자의 출발점이 된 유엔 책임투자원칙[PRI]이 작성될 때, 이를 점진적으로 준비해 15년 후인 2020년부터 PRI를 본격화하기로 했다. 기업들이 한 번에 체질 개선을 하는 것은 어려우니 기간을 두고 준비를 하라는 조치였다. 다만 한국의 국민연금이 PRI에 서명한 것이 2009년이었는데, 구체적인 실행은 없다가 2018년 유엔 PRI 총회에서 ESG 투자 촉구를 위해 한국 국민연금이 언급되자 2020년 말이 되어서야 '2022년부터 운용기금의 50%를 ESG를 반영한 자산에 투자하겠다'라는 발표를 하게 된다. 또한 국민연금은 2022년 2분기까지 증권사 리포트에 ESG 요소를 담을 것을 요구했다. 자본시장의 큰손인 국민연금이 투자 의견을 낼 수 있는 증권사로부터 ESG에 대한 분석이 계속 나오게끔 한 것이다.

그 밖에도 금융권에서 여러 가지 움직임이 있었다. 금융위원회는 2030년부터 모든 코스피 상장사들에 ESG 관련 공시를 의무화하는 기업공시제도 개선 방안도 내놓았다. 앞으로 공시에는 기후 변화에 따른 자산 재평가와 환경 친화적 프로젝트에 투자할 자금을 마련하기 위해 발행되는 녹색채권 활성화는 물론 생활임금, 인권 영향 평가, 집중투표제 등 기업 경영에 영향을 끼칠 개념이 대거 도입될 전망이다.

또한 한국투자공사도 모든 투자 자산에 ESG 요소를 고려하고, 위탁운용사 선정 시에도 ESG를 반영한다고 밝혔다. 한국투자공사는 기획재정부와 한국은행으로부터 외화보유액을 위탁 받아 해외 주식·채권·부동산 등 자산에 투자하는 국부펀드다. 이들이 2020년 말 기준 운용하는 자산 규모만 1831억 달러(약 200조 원)로, 자본시장에 미치는 영향력이 막대하다. 자본주의 사회에서 돈의 흐름은 결국 변화의 방향이다. 투자자들이 ESG를 적극적으로 반영하니 기업들은 이에 대해 신경을 쓸 수밖에 없고 결국 실제 경영에서 ESG를 얼마나 잘 구현하느냐가 중요해진 것이다.

　ESG 관련 자본의 수혜 사례도 늘고 있다. 한국수자원공사는 2021년 3월 ESG 녹색채권 발행으로 독일 바덴뷔르템베르크 주립은행으로부터 500억 원의 투자자금을 유치했다. 녹색채권은 발행 자금을 환경 개선 목적을 위한 녹색 프로젝트에 사용해야 하는데, 한국수자원공사는 유치 자금을 물환경 개선을 위한 상수도 노후관 개량 및 확충 등 재원으로 활용할 예정이라고 발표했다. 이어 같은 해 8월에도 300억 원 규모의 녹색채권을 추가로 발행하고, 조달한 자금을 충주댐 계통 공업용수도 확충, 광역상수도 스마트 정수장 구축, 광역정수장 탄소 중립(태양광, 수열 발전) 사업에 사용해 온실가스 배출을 줄이는 데 기여할 것이라고 했다.

믿을 수 있는 '기준'의 등장

둘째, 비재무적 성과를 측정 및 평가할 수 있게 된 공신력 있는 지표들이 개발되었다. 세계경제포럼 '이해관계자 자본주의 지표SCM, Stakeholder Capitalism Metrics'까지 포함해 지속가능경영을 위한 기업형 지표들이 등장한 것이다. ESG는 환경, 사회, 거버넌스에 대한 비재무적 성과 지표이며, 현재 ESG 관련 글로벌 지표는 600가지가 넘는다. 그동안 기업은 경영 실적과 같은 재무적 지표에만 집중했는데 SCM, MSCI(모건스탠리 캐피털 인터내셔널), GRI, 지속가능성 회계기준위원회 SASB, Sustainability Accounting Standards Board, 기후변화 재무정보 공개 협의체 TCFD, Task Force on Climate-related Financial Disclosures 등 측정과 평가가 가능한 ESG 관련 지표들이 등장하면서 ESG를 기반으로 투자를 결정할 수 있는 기준점이 생긴 것이다.

주의할 점은 ESG 지표와 ESG 평가는 구분해야 한다. 지표는 세계적으로 통일되는 추세지만 평가는 기관에 따라 보는 관점이 다르기 때문이다. ESG 평가를 통해서 규제나 투자, 대출, 조달청 심사 등의 혜택과 연계될 수 있기 때문에 오히려 산업별, 규모별, 기관 특성별로 차별화된 지표가 필요하다. 제조 산업과 IT 산업의 탄소 배출을 동일한 잣대로 평가할 수는 없지 않은가. 평가에도 다양한 분석과 시각이 필요한 이유다. MSCI, SASB 사이트에는 가이드라인도 상세하게 잘 나와 있는데, 그 내용을 모두 소화하기 어려울 정도로 항목이 많다. 따라서 다양한 평가에 대응하는 것에 집착할 것이 아니라, ESG 지표를 본질적으로 개선하는 데 노력을 기울이길 권장한다.

ESG 지표도 많지만 이제는 ESG에 대한 자료도 너무 많아 필요한 자료를 대상에 맞게 큐레이션해줘야 하는 상황이 되었을 정도다. 잘 정리된 자료들을 한곳에서 볼 수 있는 ESG 포털을 두 가지 소개한다. 금융위원회에서 금융권 첫 공공 ESG 정보 플랫폼 서비스 'KRX ESG 포털(esgportal.kr)'을 오픈했다.

ESG 개념, 최신 동향은 물론 상장기업의 ESG 평가 등급, ESG 통계 등 실제 투자에 유용한 데이터도 조회 및 활용할 수 있다. 대한상공회의소에서도 중소기업이 ESG 경영 정보를 한곳에서 쉽게 찾아볼 수 있는 플랫폼 '으쓱(esg.korcham.net)'을 오픈했다. 중소기업 ESG 경영 우수사례, 가이드북, 추진전략 연구보고서 등을 볼 수 있다.

점점 심각해지는 기후 위기와 글로벌 협정

셋째, 기후 위기를 둘러싼 글로벌 협정과 압박이 강해지고 있다. 2020년은 교토 의정서가 만료되고, 2015년 12월 12일 전 세계 195개국 지도자들이 조인한 '기후변화협약'이 적용되기 시작한 시기였다. 파리 인근 르부르제 전시장에서 각국 지도자들은 지구의 평균 온도가 산업화 이전 시기와 비교했을 때 2도 이상 상승하지 못하도록 온실가스 배출량을 단계적으로 감축하고, 상승 폭은 가능한 한 1.5도가 넘지 않도록 힘쓰자고 서약했다. 기후변화협약은 선진국에만 온실가스 감축 의무를 부여했던 교토 의정서와 달리 개발도상국을 포함한 195개 당사국 모두가 감축 목표를 지켜야 하는 보편적 첫 기후 합의라는 점에서 그 역사적 의미가 크다.

기후변화협약 자체는 법적 구속력이나 강제성은 없지만,

협약 발효로 '온실가스 배출 저감'은 당사국들에게 중요한 과제가 되었다. 각국은 자체적으로 온실가스의 배출량과 제거량을 조사해 협상위원회에 보고해야 하며, 매년 기후 변화에 관한 주요 사안을 다루는 당사국 총회에 참석해야 한다. 하지만 서명국 중 미국은 트럼프 전 대통령이 2020년 11월 4일 협약에서 공식 탈퇴를 했다가 바이든 대통령이 취임 직후 '파리 기후변화협약에 복귀하는 행정명령'에 서명하는 우여곡절도 있었다.

그런데 2019년 유엔 연구에 따르면, 기후변화협약 이후 당사국이 내건 실행 계획은 요구되는 수준의 3분의 1에 불과했다고 한다. 일본, 사우디아라비아, 호주 같은 나라들은 화석연료 사용을 줄이기 위한 유엔의 조치들에서 자기들을 빼달라, 속도를 늦춰달라 등을 요청하며 발목을 잡기도 했다. 세계기상기구WMO와 UNEP가 기후 변화를 과학적으로 규명해 대책을 수립하기 위해 1988년 공동 설립한 유엔 산하 국제협의체, 유엔 기후 변화에 관한 정부 간 협의체IPCC가 2018년 발표한 '지구온난화 1.5도 특별보고서'에 따르면, 산업화 이전 50년에 한 번꼴로 발생했던 '극한 고온' 현상이 1.5도 상승 시 8.6배 잦아질 전망이다. 심지어 2도 상승 때는 13.9배, 4도 상승 때는 39.2배까지 높아질 것으로 전망됐다. 2021년 8월 보고서에서는 '1.5도의 재앙'이 머지않았고, 2021~2040년 사이를 그 시점으로 보고 있다. 불과 3년 만에 2018년 예측했던 시기가 10년 앞당겨진 것이다.

2021년 11월 중순까지 약 보름간 진행된 제26차 유엔 기후변화협약 당사국 총회COP26에서 파리 협정 참여국들은 2030년까지의 국가 온실가스 감축목표NDC를 발표하고 점검 받았다. COP26 회의를 앞두고, 우리나라 정부는 2030년까지 온실가스 배출량을 2018년 기준 40% 줄이겠다고 정했다. 기존 목표치인 26.3%보다 크게 높인 것이지만, '1990년 기준 최소 55% 이상 줄이겠다'고 아예 법으로 정한 EU와 비교하면 아직 부족하다는 평가가 많다. COP26 합의에 따라 2022년 이집트에서 열리는 COP27 당사국 총회에서 '2030년까지의 국가 온실가스 감축목표'를 다시 내야 한다. 이러한 정부의 탄소 중립 선언은 정책과 규제로 반영이 되기 마련이다. 정부가 아니어도 글로벌 기업들이 밸류 체인상의 공급망에서 배출되는 탄소까지 모두 중립으로 달성하겠다는 '스코프Scope 3' 탄소 중립 선언을 하고 있는 상황이니 온실가스 감축은 거스를 수 없는 추세인 것이다.

또 기후 위기 대응을 위해 최근 2~3년 사이 새로 생겨난 개념으로 '택소노미Taxonomy'가 있다. 에너지원이 친환경적인지 아닌지를 정하는 분류 체계로, 전 세계 25개국이 자체적으로 만들고 있는 기준이다. 특히 EU 택소노미를 눈여겨봐야 하는데, EU가 인정하는 '친환경' '탄소 중립' 활동 구분으로 ESG 경영 등 재무적으로 드러나지 않는 투자 기준에 대한 지침 역할을 한다. 또한 EU가 친환경 경제 분야에서 가장 앞장서고 있기 때문에 다른 국가의 택소노미 기준에도 영향을 미친다. 우리나라도

EU 기준을 참고하여 K-택소노미를 만들고 있다.

　EU 택소노미는 녹색채권 등 수십조 원의 자산 투자 방향이 영향을 받아 기후·에너지 분야에서 산업계에 미치는 파장이 크다. 최근 EU 집행위원회는 그린 택소노미 최종안에 원자력 발전과 천연가스 발전을 조건부로 포함시켜 발표했다. 이에 따라 각국은 조건을 지키는 한도 내에서 원자력 발전 정책을 추진할 명분을 얻게 되었다. 원전이 EU 택소노미에 포함되면 당장 약 1300조 원에 달하는 예산과 친환경 사업에만 쓸 수 있는 녹색채권도 원전 산업에 쓸 수 있게 된다.

　이처럼 택소노미는 어떤 경제 활동이 친환경, 지속가능, 탄소 중립에 기여하는지 등을 정하는 기준이다 보니 향후 투자 및 제도의 근거도 될 수 있어 국가마다 첨예하게 대립하기도 한다. 그렇기 때문에 전력의 70%를 원전으로 만드는 프랑스는 '택소노미에 원전 포함'을 찬성하고, 신재생에너지 발전 비중이 42%에 달하는 독일은 반대하는 것이다.

소비자로 급부상한 MZ세대와 소셜 미디어

넷째, 소비자와 사회가 변했다. 특히 코로나19로 위기감이 더해져 기후 변화와 환경, 사회 문제를 그냥 두지 않는 소비자들이 ESG 경영을 더욱 촉진하고 있다.

MZ세대가 중요한 이유는 두 가지 주체로서의 의미가 있다. 이들이 바로 소비자(고객)와 임직원으로 부상하기 때문이다. 1980년~2000년대 초반 출생을 묶은 MZ세대는 국내 인구의 34%, 약 1700만 명을 차지한다. 주요 기업 구성원으로 보면 60%까지 차지한다. 직장에서도 시장에서도 주류인 이들의 변화는 상당하다. 이들은 확실한 성과 보상과 일과 삶의 균형을 추구하며, 자율과 책임 기반의 수평적 조직문화를 확대하는 데에도 일조하고 있다.

대학내일20대연구소에서 발표한 '2022년 Z세대가 이끄는 트렌드 이슈'를 보면 ESG 감수성이 한 축을 차지하고 있다. ESG와 관련한 Z세대의 가장 큰 특징은 '지속가능성'보다는 '생존가능성'으로 기후 위기를 받아들이고, 환경 보호를 위한 일상 속 실천 행동과 습관을 중요하게 여긴다는 것이다. 그러다 보니 직접 다회용기를 이용해 일회용품 사용을 줄이는 '용기내 챌린지'나 건강과 환경을 함께 지키기 위해 조깅을 하며 쓰레기를 줍는 '플로깅'이 일상과 여가 속에 자연스럽게 자리 잡고 있다. 또한 쓰레기 처리에 대한 책임을 소비자에게 전가하는 정부와 기업에 대해 적극적으로 개선해야 한다는 목소리를 내고, 친환경 제품과 광고, 그린워싱을 판단하는 눈높이 또한 높아졌다. 일례로 화장품 기업 시타는 세계 최초로 완전 분해 가능한 화장품 용기를 생산해서 폐기물을 만들지 않는 '제로 웨이스트' 기업으로 거듭났는데, 여기서 더 나아가 분해 원료의 활용과 미생

물 기술 등을 무료 공개하기로 결정했다. 이렇게 섬세하고 환경에 진심인 기업에 Z세대는 열광한다.

MZ세대는 기부 문화도 '힙'하다. 카카오 블록체인 기술 계열사 그라운드X와 굿네이버스가 진행한 블록체인 기부 캠페인 참여자 가운데 절반 이상이 MZ세대였다고 한다. 당시 8만 3308KLAY(클레이)가 모금돼 환전 금액 기준 6223만 원이 잠비아 아동의 식수 위생시설 지원 등에 기부됐다. 기존에는 기부 절차가 불명확해 기부를 꺼리는 사람들도 있었는데, 블록체인을 기반으로 기부자가 NFT를 획득한 순간부터 판매 대금이 기부 대상자에 전달되는 과정까지 모두 기록되고, 누구나 볼 수 있도록 오픈된 것이다. 또한, 블록체인 기부 플랫폼 체리에서는 춤을 추면 기부가 되는 신개념 기부 댄스 챌린지를 진행했다. 댄스를 따라 하고 해시태그와 함께 SNS에 영상을 업로드하면 '자두, 여기얼마(솔리데오시스템즈)'가 대신 참가자 1명당 5000원의 기부금을 적립하는 이벤트였다. 솔리데오시스템즈의 부동산 가치 평가 서비스 앱 '자두[JADU]'를 알려 기업은 홍보효과를 달성하고, 참가자는 댄스로 기부에 참여할 수 있었다. 기업이 참가자 대신 모은 1000만 원은 아이들의 안전 및 안정을 지원하는 엔젤12 등의 단체에 기부되었다. 기부가 '동정'이 아닌 '문화'가 된 것이다.

또한 사회[S]와 거버넌스[G]에 대한 MZ세대의 인식과 행동도 다른 세대와 차이를 보인다. M(밀레니얼)세대는 의식적으로 유튜버가 되고 메타버스가 무엇인지 학습하는 세대라면, Z세대는 메타버스라는 것을 인식도 하기 전에 게임이나 콘텐츠로 경험했고, 본인의 관심 분야를 바탕으로 자연스럽게 소득을 창출하는 수단으로 이용하기도 한다. 예를 들어 제페토에서 의상과 액세서리를 직접 제작, 판매해 돈을 버는 것이다. 그만큼 메타버스를 포함한 디지털 세상의 중요도나 디지털상의 거버넌스가 중요해지고 있고, 카카오에서 '증오 발언 대응 정책 녹서'를 발행한 것처럼 기업에서 소셜 미디어 광고에서 사용하는 용어에도 유의해야 한다는 인식도 확산되고 있다.

기업의 조직 관점에서도 Z세대가 기업 내 차지하는 비율도 늘어나고 있어서 조직 내 기업 경쟁력을 위한 인재 유치를 위해서 이들이 조직에 순조롭게 적응하고 정착할 수 있도록 지원하는 과정에 신경을 써야 한다. 이들에게는 애사심을 확립시키고, 바로 업무에 투입시키는 오리엔테이션[OT]보다 회사에 머무르겠다는 결정을 하고 새로운 역할에 기여할 수 있는 환경을 조성해주는 것이 중요하다. 즉, Z세대 조직 구성원이 기업 내에서 경험할 수 있는 것들[Employee Experience]을 촘촘하게 설계해주는 것이 필요하다. 예를 들어 기업의 가치관이 담긴 웰컴 키트나 업무 절차가 구체적으로 명시된 온라인 가이드, 투명한 의사소통 과정 등이 더 중요해진 것이다.

MZ세대가 노동자이자 소비자로서 영향력을 행사한 경우를 이미 페이스북(현 메타)은 겪은 바 있다. 미국에서 '흑인 생명도 소중하다Black Lives Matter' 시위가 확산했을 때 트럼프 전 대통령이 '약탈이 시작되면 총격도 시작된다'며 시위대를 위협하는 메시지를 올려 비난을 받았지만, 최고경영자CEO 저커버그는 '표현의 자유를 보장해야 한다'며 해당 메시지를 공개 상태로 유지했다. 이는 MZ세대 임직원을 중심으로 파업 시도와 퇴사 등의 운동으로 이어졌다. '#StopHateforProfit(수익을 위한 혐오를 멈춰라)'이라는 페이스북 불매 운동으로도 퍼져 이 기간에 페이스북이 주가 하락으로 입은 손실이 560억 달러(약 66조 5000억 원)에 이르렀다고 한다.*

마케팅 구전효과에 만족한 고객은 제품에 대한 좋은 경험을 3명의 타인에게 이야기하는 반면, 불만족 고객은 11명에게 이야기한다. 이러한 구전효과가 디지털로 날개를 달아 파급력이 엄청나게 커졌다. 유튜버 등 소셜 인플루언서가 1인 미디어로 매체만큼 영향력을 가지기도 하고, 크라우드 펀딩(Crowd Funding, 후원·기부·대출·투자 등을 목적으로 웹이나 모바일 네트워크 등을 통해 다수의 개인으로부터 자금을 모으는 행위)이나 청와대 국민청원 등 기업에게 '돈쭐'이나 '혼쭐'을 내줄 수 있는 다양한 온라인 소통 채널도 많아졌다.

실제로 CSR, ESG를 잘하는 기업의 제품에 대한 구매 의사가 높다는 조사나 그런 기업에서 일하고자 한다는 조사는 쉽게

● 출처: 《Z세대는 그런 게 아니고》, 고승연, 스리체어스

찾아 볼 수 있다. 대학내일20대연구소에서 발표한 '2021 MZ 세대 친환경 실천 및 소비 트렌드' 보고서에 따르면 전국 만 15세 이상 40세 이하 남녀 600명을 표본 대상으로 조사한 결과 61.3%는 기업의 친환경 활동이 환경 문제 개선에 실질적으로 도움이 된다고 인식하고 있으며, 71%는 가격과 조건이 같다면 친환경 활동 기업의 제품을 구매할 의향이 있다고 응답했다.

이처럼 ESG 경영은 앞서 이야기한 투자자의 변화, 기후 위기에 대한 각성과 더불어 MZ세대의 특성과 디지털 기술의 발전을 바탕으로 비즈니스의 제1조건으로 떠오르고 있으며 이로 인한 변화가 가속화되고 있다. 이는 누군가에게는 위기일 수도 있다. 하지만 준비된 조직에게는 새로운 기회가 될 것이다.

How to ESG
목적이 조직을 이끄는가?

사이먼 시넥의 '골든 서클'에 맞추어 우리 조직의 목적과 서비스에 대해 생각해 보자.

1. 왜? (WHY)
우리 기업의 목적은 무엇인가?
우리 기업이 존재하는 이유는 무엇인가?

2. 어떻게? (HOW)

우리 기업은 기업의 목적을 위해 어떻게 일을 하고 있는가?
우리 기업을 동종 업계에서 어떻게 차별화시킬 수 있는가?

3. 무엇을? (WHAT)

우리 기업은 무엇을 팔고 있는가?
우리 기업이 판매하는 제품이나 서비스는 무엇인가?

잘나가는

2장

기업의 무기, ESG

기업은 최종적으로 제품·서비스라는 가치^{Value}를 창출해서 고객에게 제공하기 위해 존재한다. 그리고 가치 창출 과정에 관여하는 일련의 과정들을 세분화한 후 사슬^{Chain}처럼 엮어서 표현한 것을 '밸류 체인$^{Value\ Chain}$'이라고 한다. 즉, **ESG 경영**은 이 밸류 체인 전반에 관여한다. 제품의 원료를 어떻게 구하고, 어떤 비즈니스 파트너와 어떤 과정을 통해 생산되는지, 또 제품이 어떤 메시지로 홍보가 되는지, 제품이 판매된 이후 소비자가 제품을 사용할 때와 제품을 다 쓴 뒤 폐기할 때까지 전 과정을 모니터링하고 개선하는 일까지 포함되는 것이다. 따라서 경영진이 **ESG** 선언을 하고 끝나는 것이 아니라 부서마다 업무에 **ESG** 경영을 적용 및 접목하는 것이 매우 중요하다.

조직에서 ESG를 내재화시키는 방법

일명 '팀바팀', 같은 회사여도 팀마다 너무 다르다는 말을 들어본 적이 있을 것이다. ESG도 마찬가지다. ESG 담당 부서나 책임자만이 홀로 기획 및 실행을 할 수 있는 것이 아니기 때문에 ESG를 담당하는 부서의 위상과 포지션에 따라 그 역할과 책임, 권한이 달라진다. 같은 가위라도 어디에서 쓰느냐에 따라 요리, 미술 공작, 의료용으로 다양하게 쓸 수 있는 것처럼 해당 부서가 목표하는 성과 지표, 방향성에 따라 ESG의 성격과 중점 영역이 달라질 수 있다. 그렇기 때문에 한 조직에서 ESG를 담당하는 부서를 알면 이를 토대로 ESG를 바라보는 기업의 관점과 향후 ESG 경영을 어떻게 하려고 하는지에 대한 기업의 생각도 직간접적으로 읽을 수 있다.

예를 들어 우리나라 통신 영역에서 압도적인 시장 점유율을 차지하고 있는 통신 3사인 SK텔레콤, KT, LG U+의 공개된 조직도*를 통해 ESG 경영에 어떤 차이점이 있는지 유추해 보자. SK텔레콤의 경우, CEO 직속으로 윤리경영을 두고, C-level 임원급으로 ESG를 최고법률책임자 CLO, Chief Legal Officer 로서 총괄하며 해당 부서 안에 법무, 컴플라이언스, ESG 추진 그룹을 두고 있다. 이를 통해 SK텔레콤은 기업 내 비즈니스 의사결정 과정에서 컴플라이언스 이슈는 없는지 전 과정에 관여하며 ESG 추진 그룹과 긴밀하게 협업을 할 것이라 짐작된다. 기업의 주요 의사결정을 하는 C-level 임원급이 ESG를 총괄하기 때문이다. 한편 KT는 경영지원 부문 안에 ESG경영추진실을 두고, 그 안에 컬처경영담당, ESG추진담당을 두고 있다. KT는 경영지원의 일환으로 전사적인 조직문화 형성에 중점을 둘 것으로 보인다. 마지막으로 LG U+의 경우에는 CEO 직속으로 윤리사무국이 포함된 정도경영담당이 있고, 대외협력총괄 CRO, Corporate Relation Officer 이 ESG를 담당하며 산하 부서로 공정경쟁담당, 대외협력정책담당, 사업협력담당, 홍보담당을 두고 있다. 소속팀의 성격

---

* 출처: [스페셜리포트] 2022년 이동통신 3사 진용 (전자신문, 2021. 12. 5.)

을 보면 LG U+는 대내외적으로 추진되는 ESG 경영 활동들을 정부나 유관 기관과 협력하고 커뮤니케이션하는 것에 중점을 둘 것으로 예상된다. 이와 같이 ESG를 어떤 부서가 담당하는지에 따라 담당자의 직무 내용 및 직무 수행을 위해 필요한 역량뿐만 아니라 다른 부서와 함께 일할 때 ESG 관련 부서의 위상이 달라지기도 한다.

통신 3사의 경우처럼 의사결정권이 있는 임원급이 ESG를 중추적으로 끌고 가는 조직 구조가 아니더라도 ESG 경영을 위한 조직의 의사결정 프로세스를 만드는 것은 가능하다. ESG 관련 부서에 법무팀이나 재무팀이 소속되어 있지 않아도 최종 의사결정 전 사전 검토를 할 수 있는 기능과 체계를 갖추었다면 ESG 경영에 맞는 의사결정을 할 수 있다는 뜻이다. 가령 협력사와 파트너십을 체결할 때, 해당 협력사가 ESG 경영을 잘하고 있는지 사전 모니터링한 결과를 보고 가산점을 줄 수 있도록 설계되어 있거나, 기부금을 처리할 때 ESG 담당자가 비즈니스 관계에 대한 이해상충이 없는지 모니터링을 할 수 있는 구조를 만들어 놓을 수 있다. 또한 마케팅팀에서 ESG 관련 대외 홍보 메시지가 나갈 때는 사전 협의를 통해 일관된 비즈니스 철학에 따라 메시지를 작성하고 검토해 ESG 워싱은 없는지 모니터링하는 절차를 마련해 두는 것도 가능하다.

이처럼 ESG 경영은 기업 내 다양한 부서와의 협업이 필수적이기 때문에 ESG 경영에서 가장 중요하게 여기는 것이 바로

'내재화'다. 영어로는 'Integrate(통합시키다)'를 쓰기도 한다. '내재화'는 여러 가지 습관이나 생각, 타인이나 사회의 기준, 가치 등을 받아들여 자기 것으로 하는 일이며, 충분히 내재화가 이루어지면 자기 것으로 행동화한다. 경영진에서 ESG 경영을 강조하며 모니터링하지 않아도 임직원 개개인이 ESG 경영에 대한 올바른 가치 판단을 하고 소통할 수 있는 상태가 되고, 이러한 개인들이 모여 조직문화로 자리 잡게 된다면 그 조직의 ESG 경영은 분명 ESG 지표만 따라잡기에 급급한 조직과는 차원이 다른 성과가 나올 것이다. 그렇다면 ESG 경영을 위해 비즈니스 밸류 체인상의 공급망, 마케팅, 인사, 사회 공헌, R&D 등 전 과정에 걸쳐 부서의 프로세스, 시스템마다 무엇을 고려해야 할지 알아보자.

전략기획: 비전을 제시하고 비즈니스 전환을 추진하라
상품을 '서비스화'한 미쉐린 타이어

전략기획 부서는 기업의 사령탑 역할을 하면서 조직이 같은 비전과 목표를 향해 나아갈 수 있도록 여러 부서와 소통하고 협업한다. 시장의 변화를 읽지 못하면 비즈니스를 지속할 수 없기 마련이다. 그래서 전략기획 부서는 기업을 둘러싼 다양한 이해관계자들과 시장이 어떻게 변화하고 있는지 관찰하며 유기적으로 전략적 대응을 해야 하기 때문에 ESG 경영은 전략기획 부서에서 필수적으로 살펴야 할 중요한 어젠다이다. 기업의 이익을 창출하기 위한 중장기 계획을 수립하고, 새로운 사업모델을 개발하고, 현재 비즈니스를 어떻게 개선하거나 전환할지 구체적인 실행안을 만드는 것에 있어서 고려해야 할 점이 너무 많다.

ESG는 투자자, 소비자, 고객사에서 바라는 단기적인 요구사항들에 대응하는 것은 물론이고, 기후 위기, 산업 안전 이슈 등 다양한 리스크에서도 살아남을 수 있는 건강한 기업으로 미래 먹거리를 준비하는 데 필요한 지침 및 기준이 될 수 있다. 그렇기에 전략기획 부서가 ESG 경영에 집중하면 경쟁사와 차별화될 수 있는 강점을 만들어 낼 수도 있고, 장기적인 기업의 생존과도 직결되는 비즈니스 전략기획을 수립할 수도 있다.

최근 ESG 경영의 부상과 함께 환경E, 특히 탄소 배출에 대한 관심이 올라가면서 '생산 과정에서의 책임'을 넘어 '생산부터 소비자가 제품을 사용할 때까지의 모든 책임'까지 고려해야 한다는 관점이 힘을 받고 있다. 이에 글로벌 타이어 제조업체 미쉐린은 제품 판매 단계에서 그들의 상품을 단순 판매하는 것에 그치지 않고 '서비스화Servicizing'하는 사업모델을 개발했다. 트럭 운송회사에 타이어 관련 '마일 단위 지불' 서비스를 제공한 것이다. 예컨대 트럭 운송회사는 타이어를 개수 단위로 구매하는 대신 10만 마일(약 16만km) 상당의 타이어 사용량을 구매한다. 그리고 트럭이 해당 거리를 운행하는 동안 미쉐린은 타이어의 설치, 유지, 교체, 재활용까지 풀 서비스를 제공한다. 트럭 운송회사가 타이어를 관리하지 않아도 되는 새로운 계약 방식은 미쉐린에겐 더 많은 사업 기회와 안정적인 비즈니스 수익모델을 제공하고, 트럭 운송회사에는 고정비용을 변동원가로 바꿔 사업 리스크를 줄여 서로 '윈윈Win-win'하는 모델이 되었다. 특히 이 사업모델은 트럭의 탄소발자국을 줄여주는 효과까지 있다. 타이어 제조업체가 직접 최적의 상태로 유지한 타이어는 수명이 길고 회전 저항이 작기 때문에 트럭의 연료 소비량이 줄어들 뿐만 아니라, 타이어 교체 주기도 늘어남에 따라 제품의 제조 수량도 감소하기 때문이다.

이처럼 전략기획 부서는 기업의 전체 비즈니스 밸류 체인을 보고, 미래 먹거리를 위한 방향성을 제시하고, 부서들이 일사불란하게 움직일 수 있도록 한다. 그래서 미쉐린이 새로운 사업모델을 만들었을 때는 트럭 운송회사의 타이어 상태를 모니터링하고 관리할 수 있는 운영체계를 갖추고, 교체가 필요할 경우 바로 달려갈 수 있는 서비스 인력도 배치했다. 또한 유사한 영업 기회 발굴을 위한 영업팀의 구성원 교육, 마케팅 콘텐츠 개발 등이 진행되었다.

정리하자면 기업의 전략기획 부서는 글로벌 ESG 현황 및 시장 조사를 하고, 자신들만의 ESG 경영 철학을 토대로 중장기 비즈니스 계획을 수립하고, 관련된 여러 부서에 실행안을 전달하고, 해당 계획이 잘 수행되고 있는지 모니터링 및 평가하고, 피드백을 받아 다시 중장기 계획에 반영하는 과정을 지속적으로 반복한다. 그리고 ESG 경영에 미치는 부정적·긍정적 요소들을 세부적으로 분석하여 크게는 비즈니스 중점 수익모델을 바꾸거나 공정 과정을 개선하기도 하고, 필요에 따라 외부 컨설팅, 전사 임직원 교육을 진행하기도 한다.

특히 ESG 경영은 장기적인 전략이 필요하기 때문에 한정된 자원으로 무엇에 우선순위를 두고 시행할지 결정하여 각 부서에 임무를 부여하는 것도 중요하다. 또한 기업 전체가 동일한 비전과 목표를 가지고 부서별 업무를 수행하는 데 있어서 ESG 경영을 중점 과제로 삼을 수 있도록 환경과 조건을 만들어 줘야 한다.

공급망 관리: 탄소발자국과 시나리오 분석을 고려하라
기후 변화를 시뮬레이션하는 유니레버

ESG 경영은 기업의 비즈니스 밸류 체인 전체를 살피고 관리하는데, 이 과정에서 필수적인 것이 원재료의 조달에서부터 완제품의 최종 소비에 이르기까지 재화와 서비스 및 정보의 흐름이 이루어지는 연결망, 바로 공급망 Supply Chain 에 대한 관리다. 유엔글로벌콤팩트에서는 '지속가능한 공급망'을 제품 및 서비스의 생애주기에서 발생하는 환경, 사회, 경제적 영향을 관리하고, 건전한 지배구조를 형성하는 것으로 정의한다.

　대기업과 정부에서 앞장서서 중소기업의 ESG를 독려 및 지원하는 이유도 이 '공급망'에 있다. 대기업은 공급망 전체를 관리하지 않으면 자사의 탄소 목표를 달성할 수 없기 때문에 보다 친환경적인 소재나 공정 과정을 위해서 해당 소재를 납품하는 중소기업의 ESG 수준을 끌어올리기 위한 책임과 이유가 있는 것이다. 정부 역시 우리나라 기업의 글로벌 경쟁력을 높여 EU의 '공급망 실사제도'와 같은 장벽에 걸리지 않도록 기업들을 지원한다. 또한 정부 스스로도 전 세계적으로 선언한 '2050년 탄소 중립 목표'를 달성하기 위해 기업이 탄소를 감축할 수 있도록 당근과 채찍을 주고 있다. 그리고 2021년 12월 관계 부처 합동으로 '2022년 경제정책 방향'을 발표하면서 대기업이 중소기업의 ESG 경영을 지원하는 데 발생하는 비용에 대해서는 세액 공제를 인정하는 인센티브를 확충하고, ESG 경영 우수 기업을 상대로는 공공조달 시 가점을 제공하고, 중소기업이 탄소 중립을 이행하는 데 1조 원 규모의 투·융자 프로그램을 신설하겠다고 구체적으로 제시했다.

　지속가능한 공급망 관리를 위한 정책과 규제로는 EU의 공급망 실사제도 외에도 글로벌 기업의 탄소 중립 이행 과정에서의 스코프3 감축 요구, 기관투자가의 ESG 정보 공개 요구 및 영향력 행사, 우리나라 정부의 중대재해처벌법 등이 있다. 유럽 시장에 진출한 기업은 EU 공급망 실사제도에 의한 규제를 적용 받는다. 공급망 전 과정에서 환경, 인권 등 ESG 요인에 책임 의무가 부과되고 미이행 시 수입 금지 조치 등의 제재를 받는 것이다. EU 공급망 실사제도 도입으로 인해 위험도가 높은 업종은 자동차, 헬스케어, 자본재, 반도체, 화학, 금융이다. 이 중 전기전자, 반도체 등은 이미 글로벌 기업 중심으로 '책임감 있는 산업 연합RBA' 등 공급망 이니셔티브 가입이나 원청의 요구 수준에 대응을 하고 있어 부정적 영향이 크지 않을 것으로 보인다. 그러나 건설·자재 업종이나 헬스케어의 제약사, 스타트업들은 그동안 ESG 대응과 관련하여 정보 공개 대응이 현저하게 낮아서 리스크가 높은 업종으로 판단된다.

예를 들어 ESG 관점에서 리스크를 예상해보면 건설이나 조선, 기계 분야는 외주화가 많은 데다 산재 사고 재범률이 높아서 사고가 터지면 사회 이슈로 부각될 수 있다. 자동차, 에너지, 철강 분야도 중소 협력사 비율이 높고, 원청의 온실가스 감축 공동 대응에 대한 요구를 많이 받고 있는 상황이다. 최근 헬스케어 시장이 급성장하고 있는데, 헬스케어는 워낙 규제도 심하고, 스타트업 중심으로 빠르게 성장하는 경우가 많아 성장에 비례하는 리스크 관리를 위하여 ESG 대응도 필수적으로 요구되는 상황이다.

공급망 전체를 꼼꼼하게 살펴야 하는 이유는 ESG 경영이 투자자나 고객의 요구로부터 시작되기 때문이다. 예를 들어 기후 위기가 비즈니스에 미칠 부정적인 영향 예측과 그것에 어떻게 대응하는지가 공시 정보에 잘 반영되어 있는지 구체적으로 묻는 것이다. 만약 제대로 되어 있지 않으면 보완 요청을 하기도 한다.

고객사에서도 탄소 중립 달성을 위해서 제공하는 소재에 대해 구체적인 질문을 한다. '소재를 만드는 데 톤당 이산화탄소^{CO_2}가 얼마나 배출되는가?' '신재생에너지는 얼마나 쓰는가?'처럼 말이다. 그러다 보니 투자나 고객사와의 비즈니스 거래를 위해서는 공급망상의 이산화탄소 감축이 필수적이 된 것이다. 환경^{E}뿐만 아니라 사회^S 영역에서의 인권, 예를 들어 노동에서의 아동 노동, 강제 노동과 같은 이슈가 될 만한 요소가 없는지 실사 등을 통해 관리 및 감독을 하기도 한다.

그렇다면 글로벌 기업들은 공급망을 어떻게 관리하고 있을까? 적극적으로 공급망 관리를 하고 있는 글로벌 기업 유니레버의 사례를 들여다보자. ESG 관련 지표 중 ①거버넌스 ②전략 ③리스크 관리 ④지표와 목표 등 4가지 항목에 따라 기후 리스크 정보를 공개하도록 요구하는 '기후 관련 재무 정보 공개 태스크 포스$^{\text{TCFD, Task Force on Climate-Related Financial Disclosures}}$'가 있다. 그중 두 번째 '전략' 관련 재무 정보 공개 주요 내용 중 하나가 '평균 기온 2도 이내 상승 시나리오 등 기후 시나리오가 영업, 전략, 재무계획에 미치는 영향'이다. 유니레버는 2100년까지 2도가 올라갈 경우의 임팩트$^{\text{Transition Impact}}$와 2100년까지 4도가 올라갈 경우의 임팩트$^{\text{Physical Impact}}$를 시뮬레이션하고 분석하여 매출과 지출에 미치는 영향을 분석하고 있다. 현재 기업들은 제품의 전 과정 평가Life-Cycle Assessment 조차도 측정이 쉽지 않은데, 기후 변화가 비즈니스에 미치는 영향에 대해서 체계적인 시나리오 분석과 예측을 실시하는 기업은 글로벌을 통틀어서도 드문 일이다. '준비된 자만이 기회를 얻는다'라고 하지 않는가? 이렇게 유니레버는 탄탄하게 어떤 위기에도 살아남을 수 있도록 준비를 하니 지속가능한 기업의 우수사례로 꼽히고 있는 것이다.

우리나라에도 공급망 관리를 신경 써서 하고 있는 기업이 있다. 풀무원은 2020년 국산 콩두부 10종에 대해 영국 친환경 인증기관 카본 트러스트의 '탄소발자국Carbon Footprint' 인증을 획득했다. 이는 제품의 제조부터 사용까지 전체 과정에서 발생되는 온실가스의 총량을 표기하는 인증이다.

이를 위해 제품 제조 단계에서는 신재생에너지를 적극 도입하고, 전국 9개 사업장에 태양광 발전과 집열 설비를 구축해 탄소 배출량을 줄였다. 또 환경에 민감한 소비자와 트렌드에 대응하기 위해서 포장에도 신경을 많이 쓰고 있다. 환경을 생각하는 포장 3R 원칙Reduce, Recycle, Remove을 적용하여 플라스틱 포장재를 줄이고, 재활용이 쉬운 포장재를 도입하고, 화학물질이 남지 않는 수성잉크를 사용하는 등의 노력을 다양한 방법으로 적용하고 있다.

R&D: 기업의 미래를 위해 연구개발에 투자하라
제품 전체 라이프 사이클의 탄소발자국을 조사한 다이슨

ESG를 고려하며 연구개발 Research and Development 을 하는 건 비용과 시간, 자원 관리 측면에서 어려운 일이다. 그럼에도 불구하고 EU의 탄소국경세, 글로벌 기업의 탄소 중립 이행 과정에서의 스코프3 감축 요구 등에 따라 근본적으로 제품의 탄소발자국을 줄일 수 있는 R&D가 필수로 떠올랐다. 여기서 스코프3는 소유 자산을 제외한 간접 배출, 즉 소재의 생산과 공급사와의 협력, 제품의 유통, 사용, 폐기까지 모든 제품 수명 사이클을 포함하여 탄소 배출을 측정하는 것이기 때문에 기업이 관리하기 어려운 영역이기도 하다.

 기업 입장에서 고려해야 할 주요 규제로는 탄소국경세 Carbon Border Adjustment Mechanism 가 있다. 온실가스를 배출한 기업의 제품을 수입할 때 EU에 속한 기업의 제품과 같은 방식으로 비용을 부과하는 조치로, 2019년 12월 11일 EU 집행위가 마련한 유럽 그린 뉴딜 전략 중 하나다. 집행위의 EU 탄소 배출 규제에 따라 EU 내 기업들은 저탄소 제품을 생산하기 위해 생산라인을 교체하는 등 관련 설비 투자를 해야 했는데, 이러한 기업 비용 부담은 결국 완제품 가격 상승으로 이어져 EU 외 국가 대비 매우 불공평한 상황에 놓이게 된다는 것이다. 그래서 탄소국경세를 도입해 공정한 글로벌 경쟁 환경을 만들고 EU 내 산업계의 비용 부담을 줄이겠다는 계획이다. 산업통상자원부에 따르면 EU는 2023년 1월 1일부터 철강, 시멘트, 비료, 알루미늄, 전기 등 5개 분야에 탄소국경세를 적용할 계획이다.

그런 글로벌 동향을 바탕으로 장기적인 관점으로 움직이는 기업들이 있다. 먼저 국내에서 청소기, 드라이기로 유명한 글로벌 기업 다이슨이다. 다이슨은 자사 제품의 탄소발자국에 대한 비교 조사를 했다. MIT 재료시스템연구소에 종이 타월과 자사·타사 손 건조기 제품 4개의 제조·서비스·사용 단계의 탄소발자국 평가를 의뢰했다. 이 평가는 중요한 질문으로 시작되었다. '소비자들은 각 제품을 어떻게 사용하나? 각 사용 방법에 따른 탄소발자국 영향은 어떠한가? 그리고 총 탄소를 얼마나 배출시키나?'처럼 말이다. 생산 과정 Upstream 의 탄소발자국은 수백 또는 수천의 공급자를 포함하지만, 생산 이후 단계 Downstream 는 수억 명의 소비자를 포함할 수 있기 때문에 제품의 탄소발자국에 대한 객관적인 평가는 말처럼 쉽지 않다. 연구팀은 모든 과정마다 가설을 세우고 검증하고, 비교 분석하며 진행했다. 예를 들면, "건조를 어떻게 정의할 것인가?"에 대해서는 "손이 실내 온도 환경에서 0.1g 이하의 잔여 수분을 보유했을 때를 '건조'라고 한다"고 정의했다. '사람들은 일생 동안 몇 번 손을 말릴 것인가?'에 대한 추정도 해야 한다. 연구진은 전기 건조기의 경우 통상 5년 보증을 35만 번 사용하는 제품의 추정 수명으로 활용했다. 다음으로 건조기를 만드는 데 필요한 모든 소재의 목록을 만들어 배송, 포장, 사용 시 소비되는 전기 등 제품과 관련한 전 과정에서 탄소 배출의 양을 측정했다. 10개월간의 연구 끝에 113쪽 분량의 '손 건조 시스템의 전 과정 평가'라는 연구 결과가 발표됐다. 그 결과 종이 타월이 손바닥을 말리는 가장 덜 친환경적인 방법이며, 다이슨 손 건조기 제품의 평균 탄소 영향이 가장 낮다는 것을 발견했다.

　이처럼 제품의 라이프 사이클 평가는 제품의 원료 수급부터 제품의 폐기까지 전 과정을 살펴보는 것인데, 일부 제품은 공급망보다 '사용 단계Use phase'에서 상당한 환경적 영향을 미친다. 예를 들어 아무리 연료 효율이 높은 자동차라도 운행 중 탄소 배출량은 자동차의 제조 과정 배출량보다 3배 이상 많다. 더 구체적으로 분석하면 사용 단계는 회사의 제품 및 서비스 사용과 관련된 고객의 모든 절차와 활동으로 이루어진다. 예를 들면 샴푸·세제·세정제와 같은 제품은 사용 단계에서 우선 물이 소비된다. 이때 뜨거운 물을 사용한다면 에너지가 추가로 소비된다. 또 제품의 첨가제가 물을 오염시키는 것도 이 과정에 포함해야 한다. 이에 일부 기업은 제품 전체 수명 주기에 걸쳐 환경에 영향을 미칠 수 있는 부분을 연구 및 조사하고, 포장 디자인 및 재활용과 관련하여 할 수 있는 노력까지 기울이고 있다. ESG 관점에서는 '사용 단계'도 제품의 R&D 영역에 포함을 시켜야 한다.

　다이슨이 MIT와 협업했던 것처럼 기업 내 R&D뿐만 아니라 정부 및 타 기관과 협업하며 오픈 이노베이션으로 R&D를 추진한 우리나라 기업도 있다. 최근 미세 플라스틱이 환경과 건강에 심각한 문제점으로 지적되면서, 플라스틱을 아예 사용하지 않거나 소재를 바꾸는 다양한 시도가 이루어지고 있다. 환경부가 내놓은 공익광고에서 '일회용 컵 연간 사용량 84억 개, 당신도 모르게 먹는 미세 플라스틱이 1주일에 카드 한 장인데 괜찮으시겠어요?'라고 강조하기도 했던 것처럼 말이다. 전분 제품 및 당류 제조업체인 삼양사는 '썩는' 플라스틱을 개발하려는 프로젝트를 추진하고 있다. 이 프로젝트는 산업통상자원부가 주관하는 '바이오매스 기반 생분해성 폴리카보네이트 및 부품 개발' 과제의 총괄 주도 업체로 삼양사가 선정되어 특정 조건에서 미생물에 의해 분해되는 폴리카보네이트를 개발해 환경오염 문제에 근본적 해결책을 제시하는 프로젝트다. 생분해성 폴리카보네이트의 원천 기술 확보를 목표로 삼양사 등 국내외 총 12개의 기업, 연구소, 학계 등이 참여해 생분해성 폴리카보네이트와 이를 이용한 자동차용 내장재 부품 개발까지 진행하고 있는데, 부디 성공적인 연구 성과가 나와서 플라스틱 걱정 없는 세상이 되었으면 한다.

ESG로
기존의 역할을 뛰어넘어라

세계 최대 규모의 유통업체 중 하나인 영국의 테스코는 책임 있는 공급망 관리와 제품 조달을 위해 노력하고 있다. 테스코는 인권을 위협하는 곳에서 생산한 면화를 사용하지 않으려 노력하고 있고, 목화밭에서의 강제 노역과 아동 노동에 반대하는 '책임 있는 소싱 네트워크Responsible Sourcing Network'와 '강제 노동에 반대하는 면화 서약Campagne Cotton Pledge'을 지지하고 있다. 우즈베키스탄은 테스코의 공급망 국가 중 하나였고, 2001년 면화는 우즈베키스탄 전체 수출액의 약 50%를 차지할 만큼, 주요 면화 수출 국가였다. 하지만 영국 NGO인 환경정의재단Environmental Justice Foundation의 2005년 보고서에서 면화 수확을 위해 400만 명이 넘는 시민들이 열악한 환경에서 노동 착취를 당하며, 수십만 명의 아동 또한 학교 교육의 기회를 빼앗긴 채 강제로 동원되었다는 사실이 밝혀지자, 2007년부터 테스코는 우즈베키스탄에 면화를 공급하지 않도록 요청하고 제품에 사용되는 원면Raw Cotton에 대한 출처를 확인할 수 있도록 조치했다. 2014년에는 강제 노동으로 수확된 면화 제품을 사용하지 않겠다는 국제적 서약에 서명함으로써 우즈베키스탄 정부가 면화 산업 노동환경을 개선하도록 압력을 가하는 데 동참했다. 한 기업의 구매팀에서 ESG 관점에서 내린 의사결정이 한 나라의 노동환경에까지 영향을 미친 것이다. 이처럼 한 조직이 의사결정권이 있는 업무 범위 내에서 ESG 경영을 진정성 있게 수행하는 것만으로도 사회에 긍정적인 변화를 만들 수 있다. 수많은 리더들이 ESG 경영을 외치는 이유이기도 하다.

마케팅: 일관된 브랜드 철학과 진정성을 더하라
음악으로 새로운 고용 사슬을 독려한 뮤지션 스팅

한때 포장에 'Hello, I'm paper bottle(안녕, 나는 종이 병이야)' 이라고 적힌 이니스프리의 제품이 화제였다. 그런데 이 종이 병

화장품을 다 쓰고 안쪽을 잘라 보니 플라스틱 병이 들어 있었다는 소비자의 고발로 이내 비난을 받았다. 매장에서 친환경 패키지 신제품이라고 홍보해 구매한 소비자들이 배신감을 느꼈던 것이다. 사실 제품을 뜯어보면 이전보다 51.8% 가볍고 얇아진 플라스틱 용기로, 플라스틱 사용을 줄이면서 재활용을 쉽게 도와준 것이 맞다. 실제로 환경을 고려한 제품이었던 것이다. 하지만 친환경 제품에 대한 고객의 눈높이와 브랜드가 전달한 메시지 사이에 간극이 있었던 탓에 오히려 부정적인 이미지만 남겼다.

'그린 워싱Green Washing'은 친환경적이지 않지만 마치 친환경적인 것처럼 홍보하는 '위장 환경주의'다. 마찬가지로 'ESG 워싱'은 기업이나 상품이 실제 환경·ESG 요소에 미치는 영향이나 ESG 전략 실행 수준과 별개로 홍보·마케팅만으로 친환경·ESG 명칭이 붙는 현상이다. 요즘 현명한 소비자들은 기업이 던지는 메시지가 행동과 일치하는지 꼼꼼하게 모니터링한다. 이러한 이유 때문에 행동이 따르지 않는 마케팅은 기업에 오히려 역효과를 가져온다.

이를 위해 마케팅 부서에서는 4P Product, Price, Place, Promotion 나 4C Customer Value, Cost of Customer, Convenience, Communication 와 같은 마케팅 믹스 전반을 살펴보며, ESG 계획을 수립해야 한다. 최근에는 스타트업을 중심으로 개선할 점을 수시로 모니터링하고 즉각 반영하는 그로스 해킹 방식의 마케팅 기법이 자리 잡아 데이터 기반 마케팅, 프로모션 위주의 마케팅이 중심을 이루고 있지만, 전통적인 마케팅에서는 여전히 4P 즉, 제품 기획, 가격 설정, 유통 관리, 프로모션 영역을 폭넓게 다룬다.

먼저 제품Product에 대해서는 제품 자체가 ESG 경영에 긍정적인 영향을 미칠 수 있도록 기획할 필요가 있다. 코스메틱 기업 러쉬의 네이키드 제품은 포장 쓰레기를 배출하지 않기 위해 개발한 고체 제품이다. 게다가 제품에 붙은 '#BeCrueltyFree'라는 해시태그로 '동물대체시험법 제정안' 서명 캠페인을 진행하고 국제동물보호단체 휴메인 소사이어티 인터내셔널Humane Society International과 우리나라 동물권연구변호사단체 피엔알People for Non-human Rights과 함께 정책적인 변화를 촉구한다.

가격Price 부분에 대해서는 제품 가격이 올라가더라도 친환경 소비, 윤리 소비를 지향하는 오늘날의 소비 트렌드를 고려한 제품 개발 및 가격 책정을 할 수 있다. IBM이 발표한 '2020 글로벌 소비자 동향 연구'에서 가치 중심 소비자 70%는 재활용 제품, 친환경 상품 등 환경을 보호하는 브랜드의 구매를 위해 일반 가격보다 35% 더 높은 가격을 지불하고, 그중 57%는 환경 파괴를 줄이기 위해 구매 습관을 바꿀 의향도 있다는 조사 결과가 나왔기 때문이다.

다음으로 유통Place에 있어서는 탄소발자국을 최소화할 수 있는 유통 구조를 설계하고, 가능한 한 생산-소비-관리-재생 그리고 다시 생산으로 사이클을 돌 수 있는 '순환경제' 체계를 만들어야 한다. 특히 중국이 2018년 3월부터 플라스틱, 종이 및 저급 고철류의 수입을 전면 중단하면서 재활용은 세계적인 문제가 되었고, 매립이나 소각이 아닌 자원에의 재활용, 재사용이 필수적인 과제로 부상했기 때문이다.

마지막으로 프로모션Promotion은 브랜드의 철학과 진정성을 담아 일관성 있게 실행해야 한다. 단기적 비즈니스 이익보다 기업의 철학을 반영하고, 그에 맞는 일관된 마케팅 활동을 해야 고객들에게 의도한 메시지가 제대로 소구될 수 있다. 프랑스의 슈퍼마켓 체인인 앵테르마르셰에서는 푸드 리퍼브Food refurb 캠페인을 통해 폐기 위험에 처한 못생긴 농작물을 30% 싼 가격에 판매하며 식품 쓰레기를 줄이자는 메시지를 소셜 미디어에 내보낸 것이 큰 성공을 거두었다. 이후 이 캠페인은 다른 슈퍼마켓 브랜드에서도 비슷한 캠페인을 진행하며 더욱 확대되었다.

또한 '마케팅'만의 전문 역량을 발휘하여 ESG 경영을 촉진할 수 있는 기회도 있다. 'The Hiring Chain(고용 사슬)'이라는 광고 크리에이티브 동영상의 경우, 세계적인 뮤지션 스팅이 이탈리아 다운증후군협회인 'CoorDown'과 함께 노래를 만든 것이다. 스팅은 행동주의자로서도 다양한 활동을 하고 있는데, 이 광고는 경쾌한 음악에 메시지도 강력하다. 다운증후군을 가진 한 여성이 빵집에 채용되어 일하게 되었는데 이를 본 빵집 손님들이 변호사 사무실,

The Hiring Chain

치과, 농장, 이발소 등 각자 자신의 일터에서 그와 같은 채용을 연결하게 된다는 내용이다. 그리고 이 선순환 고용의 아름다운 마무리는 처음 다운증후군 직원을 고용했던 그 빵집 아저씨가 이발소에 가면서 또 다른 다운증후군을 가진 남성이 채용된 것을 보면서 기분 좋은 뭉클함을 더한다. 다운증후군 환자들은 사회적 선입견으로 인해 일자리를 찾는 데 어려움을 겪고 있는데, 이러한 광고 캠페인은 다운증후군을 가진 사람들이 더 많은 취업 기회를 갖는 데 도움이 될 수 있다. 사회에 '고용 사슬'이라는 메시지를 던질 때, 100마디 말보다 하나의 동영상이 더 강력할 수 있다.

재무: ESG 비재무적 요인에 대한 이해와 관리가 필요하다
구글의 '공급업체 행동강령'

ESG 경영이 비즈니스의 우선순위로 부상함에 따라 재무팀도 비재무적 요인에 대한 이해도를 키워야 한다. 기존에는 회계법, 수익 인식 등 재무적 요인만 고려하면 됐으나 이제는 법, 규제, 전체 공급망에 대한 원청의 요구사항까지도 고려를 해야 하는 등 재무팀의 역할이 확대되고 있다.

가장 중요한 부분이 공급업체 계약과 교육에 관련된 것이다. 예를 들어 구글은 공급업체로부터 부패, 뇌물 수수, 횡령 등의 불법 행위나 강제 노동 등에 대한 직간접적인 관여 행위를 금지하기 위해 경영 활동, 재무 상태 및 성과에 대한 정보를 공개하도록 권장하고 있다. 또한 공급업체들이 윤리 경영을 준수할 수 있도록 공급업체 행동강령Supplier Code of Conduct에 대한 온·오프라인 교육을 제공하고 있고, 고위험군 공급업체와의 관계를 관리하는 구글 직원의 95% 이상이 온라인 교육을 이수했다(2019년 기준)고 한다. 또한 모든 공급업체를 대상으로 자가 평가Self Assessment, 리스크 평가Risk Assessment 및 3자 업체로부터의 감사 등을 실시하도록 권유하고 있다. 콩고민주공화국 등 무력 충돌에 자금이 흘러들어가지 않는 광산 지역에서만 광물을 조달하기 위해 2012년에 분쟁 광물 프로그램Conflict Minerals Program을 시작하고 여러 국가들의 정부 조직 및 NGO와 협력함으로써 분쟁 없는 아웃소싱이 가능하도록 노력하고 있다. 책임 있는 광물 조달 및 공급망 관리를 위한 글로벌 연합RMI, Responsible Minerals Initiative의 400개 회원 중 하나로도 참여하고 있다.

애플은 '협력업체 행동 수칙*'을 통해서 애플과 관련한 제품을 제조하거나 서비스를 수행하는 모든 곳에서 안전한 근무 조건을 제공하고, 근로자를 존엄과 존중으로 대우하며, 공정하고 윤리적으로 행동하고, 환경에 대한 책임을 다해야 한다고 규정하고 있다. 여기서 더 나아가 애플은 2016년 이미 전 세계 애

---

* https://www.apple.com/kr/supplier-responsibility

플 관련 시설에서 사용하는 전력의 93%를 충당하기 위해 신재생에너지로 생산된 전력을 구매하겠다고 나섰다. 구매 규모는 태양광만 521MW에 달하며, 국적에 관계없이 전 세계 신재생에너지 발전에 보조금을 지급하며, 구입한 전력은 애플의 데이터 센터는 물론 애플 스토어까지 사용한다는 계획이었다. 애플은 수년 전부터 기업이 성장할 것을 감안해 필요 이상의 신재생에너지로 생산된 전력을 구매해 왔으며, 남은 전기를 에너지 저장 장치에 저장하거나 잠재 협력업체 풀을 만들어 기존에 버려졌던 신재생에너지 설비에 판로를 열어주기도 했다.

이처럼 재무팀도 ESG 경영에 대한 이해도를 높여, 컴플라이언스(Compliance, 법·규제 등의 준수) 경영 시스템을 구축하는 것은 물론 공급업체·협력업체에 대한 '책임 있는 공급망 관리'를 하고, 더 나아가 미래 필요한 자원에 대한 건강한 공급망 풀을 조성해 놓는 것도 필요하다.

HR: 다양성과 신뢰를 바탕으로 경쟁력을 강화하라
직원들이 이끌어낸 아마존의 2040 탄소 중립 넷제로 선언

실력 있는 인재를 향한 기업들의 경쟁은 언제나 뜨겁다. 기업의 임직원은 고용주-고용원의 관계를 넘어 기업의 경영철학과 가치관에 공감하는 일원으로서 기업과 함께 성장하기를 바란다.

특히 최근 기업의 주요 구성원으로 떠오른 MZ세대는 지향하는 가치에 대해 보다 적극적으로 표현하며 기업의 행동 변화를 이끌어 내기도 한다.

특히 실리콘밸리처럼 스타트업과 인재들이 몰려 있는 곳에서는 기업이 어떤 목소리를 내느냐, 기업의 조직문화는 어떠한가, 기업이 윤리 경영을 하고 있는가 등이 인재를 유치하는 데 매우 중요한 역할을 한다. 과거에는 특정 환경E 혹은 사회S 이슈에 대해서 침묵하는 기업들도 많았지만, 지금은 기업이 목소리를 내지 않는 것 자체로 지탄을 받기도 한다. 미국 최대 전자상거래 기업 아마존의 경우, '기후 정의를 위한 아마존 직원들'이란 이름으로 직원 수천 명이 연대하여 아마존의 탄소 중립 목표가 기후 위기 해결에 충분치 않다고 실명으로 서명하고 거리에 나서 시위를 했다. 이에 아마존은 예정보다 10년을 앞당겨, 배출한 만큼 흡수하는 탄소 중립 넷제로를 2040년까지 달성하겠다고 발표했다. 그만큼 기업이 환경과 사회에 미치는 영향에 대한 소비자와 시민들의 기대치가 올라가고 있는 것이다.

최근 글로벌 기업은 다양성과 포용성 Diversity and Inclusion 에 더욱 신경을 쓰고 있다. 대표적으로 소수자 권리 존중이 있다. 소수자 권리는 포용적인 사회를 보여주는 중요한 지표인데, AT&T는 1975년 성적 지향에 따른 직원 차별을 금지하는 방침을 일찍이 도입했고, IBM은 1984년에 성적 지향과 관련한 조항을 포함한 비차별 규정을 전 세계적으로 적용했다. 과거에는 기업이 성평등 차원에서 일정 비율의 여성을 채용했다. 하지만 지금은 ESG 경영을 바탕으로 기업의 경쟁력 차원에서 다양한 인재를 뽑는다. 특정 집단보다 전체 집단에서 성별이나 인종 관련 없이 인재를 채용하는 것이 '진짜 인재'를 뽑을 확률이 올라간다는 관점에서 접근하는 것이다.

직원에 대한 신뢰와 의사결정에 대한 존중도 중요한 기업 문화 중 하나다. 미국의 패션 전문 소매업체인 노드스트롬의 직원 안내서를 보면 첫 규칙으로 이런 내용이 쓰여 있다.

> **OUR ONE RULE**
> Use good judgment in all situations.

'어떤 상황에서도 올바른 판단력을 발휘하세요'라는 이 간단한 규칙이 가져온 효과는 생각보다 컸다. 한 직원은 차를 몰고 몇 시간을 달려가 가족 행사에 참석하는 고객에게 옷을 전달하는 서비스를 하기도 했다. 이처럼 직원에게 자유와 권한을 부여한 결과, 높은 고객 충성도를 자랑하는 이야기들이 많이 탄생해 브랜드 이미지와 매출에 긍정적인 영향을 미쳤다.

HR에 관련한 유니레버의 다양한 ESG 경영 우수 사례들이 있다. '건강 및 안전'은 유니레버의 핵심 인권 이슈 중 하나로, 제조 현장 및 사업장 내 안전 문제를 개선하기 위해 '세계 수준의 제조 프로그램World Class Manufacturing Programme'이라는 안전문화 구축 캠페인을 실시하고 있다. 이에 따라 모든 직원들은 안전에 관한 필수 교육을 이수해야 하며, 실제 현장 사고 발생률이 이전보다 30% 줄었다고 한다. 우리나라에서도 2022년 1월 말 시행된 '중대재해 처벌 등에 관한 법률(중대재해처벌법)'과 관련하여 시사하는 바가 있다.

또한 지역 주민 중 20~50대 여성을 대상으로 마이크로 기업가 교육과 지원을 받을 수 있는 '샤크티Shakti' 프로그램을 시작해 해당 지역의 최전방 판매사원으로 육성했다. 현재까지 약 13만 명 이상의 여성이 샤크티 프로그램을 이수하고, 매장 접근이 어려운 소비자들을 직접 찾아가 유니레버 제품을 판매하고 수입을 창출할 수 있었다. 이 프로그램은 스마트 결제 체계를 구축하여 판매 에이전트에게 디지털 방식으로 결제 및 주문할 수 있는 앱을 제공하여 기존 현금 전용 결제 방식보다 투명성을 높이고 비용을 절감함으로써 개발도상국 및 신흥 시장의 저소득층 농촌 소비자에게 다가가기 위한 성공적인 사업 모델로 인정받고 있다.

작은 기업도 ESG 경영을 위한 조직문화를 충분히 만들어 갈 수 있다. 우리나라의 경우 이삭토스트의 역대급 복지가 화제가 되었는데, 토스트 무제한 제공, 자녀 출산 시 한 명당 500만 원 지급, 인센티브 1년에 약 4회 지급, 생일자 상품권 지급 등이었다. 김하경 대표는 한 방송에 출연해 우수하다고 평가받는 사내 복지를 만든 배경을 두고 이렇게 말했다. "복지라고 생각해 본 적은 없고, (회사가) 성장했으니 그만큼 다 같이 나눠 갖는 겁니다." 또한 김 대표는 가맹점과의 상생을 위해 출점에 드는 비용을 대폭 줄이고는, "저는 가맹점을 '가뭄을 만난 나의 이웃'이라고 생각합니다. 내가 이 땅에 살아 있음으로 인해 단 한 사람이라도 행복할 수 있다면 그게 성공이죠"라고 했다. 이런 경영 철학은 임직원의 만족도와 고객 충성도에 영향을 끼친다. 이렇게 이삭토스트는 기업이 임직원, 가맹점(비즈니스 파트너), 고객과 같은 다양한 이해관계자를 고려하며 '모두가 상생하는 경영'인 ESG 경영을 실천하고 있다.

의외로 HR의 기본부터 충실해야 하는 경우도 있다. 지방 공기업인 A공사 행정직 신입사원 채용 최종 면접에서 한 면접관이 '여성들이 직장에서 가정일 때문에 업무를 못하는데 결혼해 육아를 담당해야 하는 상황이라면 어떻게 대처할 것인지'를 질문했다. 해당 질의 과정에서 시부모 봉양, 야근에 대한 남편의 이해, 일과 가정에 대한 답변까지 요구한 것이다. 국가인원위원회는 채용 면접 과정에서 여성 응시자에게만 결혼 후 회사 업무와 가사를 병행하는 어려움, 시부모 봉양, 육아 문제 등을 질문하는 건 평등권 침해라고 결론지었다. 결국 인권위는 해당 A공사 사장에게 채용 면접에서 직무와 관련 없는 차별적 질문을 하지 않도록 인사 담당자와 책임자 인권 교육을 실시하고 재발 방지 대책을 수립하라고 권고했다. 이 경우 가장 큰 문제점은 면접관이 '결혼, 가사, 육아 관련 면접 질문이 왜 잘못된 것인지'조차 모르는 것이다. 무엇이 잘못된 것인지 명확히 '인지' 하도록 해야 하고 이러한 인지가 조직문화에도 반영되어 팀 회의, 회식 등 기업과 연관된 어떤 자리에서도 유사한 발언을 하지 않도록 교육 및 처벌 규정을 만들어 놓아야 한다.

그 밖에도 HR 부서는 협력적인 노사관계 구축, 근로자 보건 및 안전 보장, 이사의 선임과 이사회 구성, 감사 및 감사위원회, 이사 보수의 적정성과 같은 기본적인 ESG 관련 요소들을 챙겨야 한다. 더 나아가 ESG 경영을 내재화하기 위해서는 주요 이슈별 사내 전담 부서와 해당 부서 임원의 핵심 성과 지표^{KPI, Key Performance Index} 설정 및 관리 계획을 수립하는 것도 중요하다.

사회 공헌: 지역 사회와 상생하며 ESG와 연계하라
'탄소배출권'을 확보하는 SK텔레콤 쿡스토브 보급 사업

일반적으로 CSR(기업의 사회적 책임)이나 사회 공헌을 담당했던 부서에서 '지속가능경영' 차원으로 ESG를 담당하는 경우가 대부분이다.

ESG의 대표적 지표인 모건스탠리캐피털인터내셔널^{MSCI} 중 사회 공헌과 연관된 것은 '커뮤니티 관계^{Community Relations}'다. 따라서 지역 사회와 연계된 활동을 통해 커뮤니티 이해관계자와의 긍정적인 관계를 형성하고, 사회적 가치를 창출하는 것이 좋다.

그런데 여기서 중요한 것은 첫째, 비즈니스와 직접적으로 연관이 있는 활동이어야 하고, 둘째, 사회적 가치를 측정할 수 있어야 한다.

미국에서 가장 오래된 밀가루 회사 킹아서플라워(King Arthur Flour, 이하 킹아서)의 성공 배경에도 훌륭한 커뮤니티 관계가 있다. 킹아서는 흰 밀가루를 파는 기업에 머무르는 게 아니라, '경험을 판매하는 기업'으로 스스로 포지셔닝하며 베이킹을 통한 공동체 형성에 공들였다. 밀가루 자체가 매력적인 제품이 아니기 때문에 시장 점유율이 떨어지던 시기가 있었는데 이때 다른 전략을 택한 것이다. 먼저 킹아서는 임직원에게 권한을 대폭 위임하는 조직문화를 형성해 타사와의 경쟁에서 성공을 거뒀다. 베이킹 학교에서 킹아서 베이킹 달인의 수업을 듣게 했고, 온라인으로 레시피와 베이킹 강의를 제공했다. 고객이 수천 시간의 베이킹 경험을 가진 직원에게 베이킹에 대해 뭐든 물어볼 수 있는 핫라인도 운영했다. 직원들은 킹아서의 제품에 자부심을 품으며 '베이킹 공동체'를 일구는 기회로 활용했다. 이들은 사회 공헌 프로그램을 통해 비즈니스 목적을 재설정하고, 임직원과 지역 공동체를 연결하고, 다시 비즈니스로 선순환되는 구조를 만들었다.

ESG 경영과 직접적으로 관련된 사회 공헌 활동을 기획 및 실행하는 경우도 있다. SK텔레콤은 미얀마 중북부 지역에 쿡스토브 5만 4000대를 보급했다. 보통 미얀마에서는 하루 두 끼를 만들기 위해서 6시간의 조리시간이 소요되었다고 한다. 불을 피워 오랫동안 연기를 마시며 밥을 지었던 것이다. 그런데 쿡스토브를 통해 조리시간을 단축할 수 있었고, 이는 10.6만 톤 상당의 탄소 배출량 감축 효과를 가져왔다. 게다가 쿡스토브를 현지에서 제작해 일자리 창출 효과까지 만들어 낼 수 있었다. 가장 훌륭한 점은 감축한 탄소 배출량을 탄소배출권으로 확보할 수 있게 되었고 이는 실제로도 440억 원의 경제적 가치로 돌아왔다.

'탄소배출권'은 지구 온난화를 유발 및 가중시키는 온실가스를 배출할 수 있는 권리로, 배출권을 할당받은 기업들은 의무적으로 할당 범위 내에서 온실가스를 사용해야 한다. 그리고 남거나 부족한 배출권은 시장에서 거래할 수 있다. 그런데 이 탄소배출권 거래 비용이 폭등하고 있다. 기업들은 점점 줄어드는 탄소 배출 허용량만큼 탄소배출권을 구매해서 이를 상쇄해야 하기 때문이다. 정부의 2050년 탄소 중립 계획에 맞춰 기업에게 허용된 탄소 배출 허용량을 줄일 경우 국내 주요 제조 기업들의 탄소배출권 거래 비용이 9년 뒤에는 연 30조 원 이상 급증할 전망이라고 한다. 따라서 보급한 쿡스토브를 통해 탄소 배출량을 감축하고 이를 통한 탄소배출권을 확보한 것은 그야말로 일석이조의 효과가 아닐 수 없다. 즉, 기업의 이익을 사회 공헌으로 일부 사회에 환원하고, 다시 그 사회 공헌 프로그램이 탄소 배출량의 상쇄라는 경제적 가치로 인정받게 된 것이다.

위의 SK텔레콤의 사례처럼 보다 ESG와 직접적으로 관련이 있는 사회 공헌을 추진할 수도 있고, 킹아서처럼 지역 사회와 연계된 사회 공헌 활동을 통해 비즈니스에 선순환 모델을 만들 수도 있다. 다시 한번 강조하자면 사회 공헌에서 ESG로 변화하는 가장 중요한 차이점은 첫째, 비즈니스와 직접적으로 연관이 있는 활동이어야 하고, 둘째, 사회적 가치를 측정할 수 있어야 한다. 환경^{E}과 사회^{S}에 대한 전문성이 있는 비영리기관의 경우 기업들에 자문 역할을 하며 ESG 경영에 맞는 프로그램을 함께 기획해 볼 수 있는 기회도 만들 수 있다.

모든 조직에 적용할 수 있는 ESG 경영

이제 대기업 외에도 다양한 조직들이 ESG 경영을 시작하고 있다. 이때 조직의 특성에 따라 조금씩 궁금해하는 점이 다르다. 스타트업의 경우 환경^{E}이나 사회^S 이슈를 주제로 비즈니스를 하고 있는 경우가 아니라면 아직까지 ESG가 피부에 와 닿는 것은 아닌데 무엇을 알고 어떻게 준비해야 할지, 비영리기관의 경우 같이 일하던 담당자의 명함이 ESG팀으로 바뀌었는데 어떻게 응대해야 할지, ESG 경영이 비영리기관에 미치는 영향은 무엇인지, 정부는 기업의 ESG를 어떻게 지원하고 협업할 수 있을지,

투자 관점의 ESG가 필요 없는 공공기관의 경우 ESG 경영이 필요한지, 그리고 어떻게 수행할 수 있을지 등에 대한 다양한 고민이 있다. 그래서 간단하게나마 각 기관이나 조직별로 ESG에 대해 고려해 볼 만한 부분들을 좀 더 설명해 본다.

스타트업: 지금부터 ESG 경영을 시작하라

ESG 대유행은 ESG를 비즈니스 모델로 삼고 있는 스타트업에 많은 기회를 줬다. 2021년 10월, 국내 대체육 시장을 선도하고 있는 푸드테크 스타트업 지구인컴퍼니가 280억 원 규모의 투자 유치를 했다. 이 중 산업은행은 '산업 구조 고도화 지원 프로그램'을 통해 신규 공장 건설을 위한 시설자금 60억 원을 포함해 총 80억 원을 투입했고, 식품·외식·유통 등 여러 기업과 협력을 진행 중이다.

한국무역협회 국제무역통상연구원이 발표한 '대체 단백질 식품 트렌드' 보고서에 따르면 대체육 시장은 2030년 전 세계 육류시장의 30%를 차지할 것으로 보이며, 글로벌 경영 컨설팅 기업 에이티커니는 2040년에는 전 세계에서 소비되는 육류의 60%를 대체육이 차지할 것이라고 전망했다. 이러한 트렌드를 바탕으로 지구인컴퍼니는 홍콩, 중국을 비롯해 베트남, 대만, 호주, 미국 등 해외로 시장을 확대하는 중이다.

지구인컴퍼니처럼 비즈니스 어젠다가 환경E, 사회S, 거버넌스G와 관련이 있는 스타트업이 아니더라도 스타트업의 지속가능성을 위해 ESG 경영을 창업 초기부터 고려할 필요가 있다. 세 가지 측면에서 특히 중요한데, 첫째는 ESG에 대한 비재무적 지표를 보는 투자자들이 많아져 해당 투자 자금이 커지고 있다. 둘째는 상장을 목표로 하는 스타트업의 경우 공시의무에 대한 준비도 미리 하는 것이 좋기 때문이다. 2025년부터 자산 2조 원 이상 상장사, 2030년부터 모든 코스피 상장사가 '지속가능 경영 보고서'에 대한 공시의 의무를 가지게 되는데, 스타트업의 경우 성장속도가 워낙 빠르다 보니 창업 초기부터 미리 알고 준비할 필요가 있기 때문이다. 마지막으로는 해외 시장으로의 확대, 혹은 해외 시장에서 비즈니스를 시작하려는 스타트업의 경우 해당 시장의 ESG 기준과 규제 등을 미리 파악하고 대응해야 한다. 물론 여기에는 글로벌 기업과 거래를 하는 경우 원청이 요구하는 ESG 기준도 있기 때문에 ESG를 더욱 신경 써야 하는 경우까지 포함된다.

그런데 소수의 인원으로 빠르게 성장해야 하는 스타트업의 경우 창업 초기부터 ESG에 대한 폭넓은 요소들을 챙기기란 결코 쉽지 않다. 따라서 개인정보 보호, 데이터 보안 관리 등 법과 컴플라이언스 준수처럼 비즈니스에 직접적으로 관련된 것들을 우선적으로 관리하는 것이 중요하다. 다음으로는 조직문화와 관련된 윤리 경영과 거버넌스 체계를 갖추는 것이다. 해당 영역에 있어서 선도적인 모델을 만들고 있는 스타트업 '노을'과 '프로젝트노아'의 경우를 들여다보자.

인류의 생명을 위협하는 문제들을 해결하기 위해 2015년 설립된 체외 진단 의료기기 스타트업 노을의 조직 구조에 대해 처음 듣고 매우 놀랐었다. 공동 창립자인 세 명의 의사결정권자와 최고지속가능책임자(CSO, Chief Sustainability Officer)가 동등한 의사결정 권한을 가지고 역할을 수행하고 있으며, 하나의 경영관리팀으로서 비즈니스에 대한 모든 의사결정을 함께 하는 구조였기 때문이다. 게다가 재무팀, 피플팀(인사팀), 커뮤니케이션팀, 지속가능팀(Sustainability)도 CSO에게 리포팅하는 구조로 되어 있어 모든 임직원이 정기적·의무적으로 '지속가능성'에 대한 교육을 받고, 기업의 가치에 맞는 적극적인 목소리를 낼 수 있도록 조직문화를 갖추고 있었다. 또한, 노을의 miLab 플랫폼은 세계 최초로 NGSI 고체 염색 기술을 활용하여 혈액 샘플 준비에서 염색, 이미지 촬영 및 AI 분석에 이르기까지 혈액 진단의 모든 과정을 완벽하게 자동화한 혁신적인 기술력을 자랑하는 혈액 진단 솔루션임에도 불구하고 제품의 타깃 시장이나 가격을 책정할 때도 보다 많은 사람들이 의료 혜택을 누릴 수 있도록 의료 접근성 관점을 가장 우선적으로 고민하는 등 모든 의사결정 과정의 최우선에 '지속가능성'과 '사회적 가치'를 두었다.

기업 내에서 CSR이나 ESG를 해 본 담당자라면 기업의 이익과 '지속가능경영'에 대한 이해관계가 상충되는 상황에서 최고재무관리자CFO나 재무팀을 설득해 의사결정을 유도하는 것이 얼마나 어려운 일인지를 공감할 것이다. 게다가 ESG나 지속가능경영의 경우 당장 가시적인 효과를 보일 수 있는 사안이 아니기 때문에 더더욱 그러하다. 특히 환경E에 대한 개선을 위해서는 시설 투자, R&D, 환경 전문가 채용과 같이 단기적으로 예산이 들어가는 경우가 대부분이다. 그렇기 때문에 대기환경보전법과 같은 환경법규, 시민사회의 이슈, 장기적으로 환경 문제가 발생했을 때 비즈니스에 미치는 부정적 영향 등 구체적인 당위성을 바탕으로 설득을 해야 어렵게 승인을 받을 수 있다. 어렵게라도 승인을 받으면 그나마 다행이고, 당장의 이익에 도움이 되지 않는다는 이유로 우선순위에서 밀리거나 승인이 거절되기도 한다. 그런데 이처럼 병목현상Bottleneck이 발생할 수밖에 없는 구조를 '지속가능경영'에 대한 의사결정을 우위에 둘 수 있도록 획기적으로 바꿔 놓은 것이다.

물론 모든 기업이나 스타트업이 노을처럼 CSO를 두거나, 다른 최종 의사결정자와 동등한 책임과 권한을 갖는 것은 쉽지 않은 일이다. 이럴 경우, 최소한 ESG 경영에 관련된 사안은 최종 의사결정 전 ESG 경영의 방향성에 맞는지 모니터링할 수 있는 거버넌스 구조를 설계해 놓는 것이 필요하다. 이럴 경우를 위해 추천하는 방법이 바로 '정관'이다.

프로젝트노아의 경우를 보자. 인류는 1년에 최소 294억 개, 60만 톤의 플라스틱 칫솔을 사용하고 버리는 것으로 추산

된다. 프로젝트노아는 대나무 칫솔, '닥터노아'로 이 많은 플라스틱 칫솔을 대체하기 위해 도전하고 있다. 프로젝트노아의 박근우 대표는 처음 창업을 할 때 회사의 정관을 제대로 읽어보지 않고 법인등록을 했었다. 그런데 투자를 받는 시점이 되어 새로운 주주와 정관을 기반으로 협의할 때, '정관'이 기업에 대한 많은 내용을 담고 있어 프로젝트노아에 맞는 정관이 필요하다는 판단을 하게 된 것이다. 정관의 기업 설립 목적, 자본 조달 수단, 동료들에게 기업의 소유권인 주식을 얼마나 부여해 줄 수 있는지, 회사의 의사결정 과정과 방법, 회사의 이익을 어떤 우선순위로 배분하는지 등 세부 내용을 꼼꼼하게 살펴 정관을 다듬고, 2명의 변호사와 1명의 법무사가 법률 검토, 등기 절차까지 모두 통과한 뒤 다른 기업들도 참고할 수 있도록 공유했다. 무슨 뜻인지 알기 어려운 법률 용어를 쉬운 단어로 바꾸고, 프로젝트노아의 미션과 가치를 정관에 명시하고, 주주 이익과 기업의 성장 그리고 사회적 가치 사이의 균형을 맞추는 데 주안점을 뒀다.

> 프로젝트노아 '정관' 中
>
> ### 제1조 회사의 이름
> 우리 회사의 이름은 「주식회사 프로젝트노아」이며, 영문으로는 「Project Noah Inc.」입니다.

제2조 회사를 설립한 목적

우리 회사는 「자연과 사람에게 책임질 수 있는, 지속가능한 제품」을 만들기 위해 설립되었으며, 이를 실현하기 위해 다음의 사업을 수행합니다. (중략)

제3조 회사의 철학

1. 우리는 자연과 사람에게 책임을 질 수 있는, 지속가능한 제품을 만듭니다. 우리는 사업을 통해 경제, 사회적으로 소외된 사람들의 빈곤을 경감시키고, 우리가 만드는 제품의 원자재 조달부터 생산, 사용, 운송, 폐기까지 전 과정의 환경적 지속가능성을 높여 나갑니다.

2. 우리는 제품이 가져야 하는 본질적인 용도에 집중하고, 자연의 아름다움을 우리의 삶에 연결합니다.

3. 우리는 모든 단계의 소셜 임팩트 Social Impact, 환경 영향 그리고 지속가능성을 측정하고, 공개합니다. 우리의 부족한 부분도 외부에 공개하고, 개선하는 방식으로 성장합니다.

4. 우리는 문제해결자들입니다. 기존의 문제를 해결하는 대안을 만들기 위해서, 우리는 다양한 사람들의 지혜를 연결하고 결과적으로 집단의 천재성 Group Genius 을 구체화합니다.

이처럼 조직문화, 거버넌스 체계, 정관 등 스타트업의 창업 초기부터 ESG 경영을 위한 기본을 잘 세우면 정부와 대기업, 금융기관 등에서 긍정적인 평가를 받을 수 있고, 기업의 장기적인 경쟁력과 인재 유치 등에도 유리할 것이다.

비영리기관: 환경과 사회의 전문가로 부상하라

소셜 섹터에서 ESG에 대해 가장 관심이 많은 그룹은 비영리기관이 아닐까 싶다. 실제로 기업과 파트너로 일하는 비영리기관 담당자들이 혼란스러워하는 경우를 왕왕 볼 수 있었다. '사회공헌과 ESG는 어떻게 다른가요?' 'ESG 업무를 맡았는데 무엇을 해야 하나요?' '함께 일하던 기업 담당자의 명함 소속 부서가 CSR에서 ESG로 바뀌었는데 비영리기관에서는 어떻게 대응해야 하나요?'와 같은 질문이 가장 많았다.

그 여세를 몰아 사회복지공동모금회에서 '2021 사회공헌 아카데미—비영리기관은 왜 ESG를 알아야 하는가'라는 주제로 온라인 세미나를 했는데, 등록률과 참여율 모두 반응이 뜨거웠다. 그만큼 비영리기관에서 ESG에 대해 알고자 하는 니즈가 컸던 것이다. 기업은 당장 발등에 불이 떨어져서 대기업을 필두로 ESG 경영에 대해 내부적으로 거센 변화가 진행되고 있고, 중소기업에도 정부와 대기업이 나서서 교육과 컨설팅을 지원하며 확산이 되고 있으니 말이다. 그런데 비영리기관은 기업의 협업 담당자 명함이 ESG 부서로 바뀌긴 했는데, 대체 ESG는 무엇이고, 비영리기관으로 무엇을 어떻게 준비해야 할지 막막하니 해당 주제에 대한 교육 세션이 너무 절실했던 것이다. 그리고 가장 궁금했던 것은 ESG가 '사회 공헌'에 미치는 영향이 아닐까 싶다.

결론적으로 이야기하자면 ESG 경영이 '사회 공헌'에 미치는 영향은 크지 않을 것이다. ESG 경영이 차지하는 영역이 워낙 폭넓다 보니 사회^S 중에서도 '사회 공헌'이 차지하는 비중은 미미하다. 물론 기존 사회 공헌 프로그램을 ESG 관련된 영역에 맞추어 '탄소 절감'과 관련된 활동이나 좀 더 ESG와 직접적으로 관련이 있는 것으로 전환하려는 기업은 있을 수 있겠다. 하지만 ESG 경영이라는 것이 공급망, 노동 환경 등 비즈니스 밸류 체인 전반에 걸쳐 전환을 해야 하는 것이기 때문에 '사회 공헌' 예산을 끌어다가 경영의 체질을 바꾸려 하진 않을 것으로 예상된다.

반면 비영리기관에 따라 다른 변화를 기대할 수 있는데, 환경^{E}과 사회^{S}에 전문성이 있는 경우 기업에 자문 역할을 하며 프로그램을 처음부터 기획하고 함께 추진하는 것이 가능하다. 또한 ESG 경영은 기업의 모든 부서와 연관이 되어 있는 만큼 협업 부서가 '사회 공헌'에만 국한될 필요도 없다. 예를 들면, 인사부와 임직원 가족과 함께하는 플로깅 같은 것을 기획할 수도 있고, 구매부와 공급망 관리나 해외 노동 환경 감시 및 조사 등을 함께 시행할 수도 있다. 마케팅 부서와 지역 사회와 연계된 커뮤니티 활동을 기획해 볼 수도 있고, R&D 부서와 자사의 제품과 서비스가 환경에 미치는 영향을 연구 조사할 수도 있다. 즉, ESG가 위기가 될지 기회가 될지는 비영리기관에서 어떻게 대처하느냐에 따라 달린 것이다.

그런 의미에서 다음 질문에 대해 자문해 보면 좋겠다.

- 기관에서 가지고 있는 ESG 관련 강점은 무엇인가? (예. 환경, 국제협력, 인권)
- 현재 협업하고 있는 기업이 고민하고 있는 ESG 요소는 무엇이 있는가?
- 함께 만들어 볼 수 있는 프로그램과 측정 방법은 무엇인가?

ESG 바람을 타고 오히려 관심이 집중되는 비영리기관들도 있다. 대표적으로 책임감 있는 산업 연합^{RBA}과 유엔글로벌콤팩트다. RBA는 사회적 책임을 다하기 위해 노력하는 기업들로 구성된 비영리단체로 노동, 환경, 안전보건, 기업윤리, 경영시스템 등 5개 분야의 43개 표준으로 구성된 행동규범을 제정해 운영 중이다. 190여 개 이상의 글로벌 기업이 회원사로 활동하고 있다. RBA 행동규범에 따르면 해당 기업의 국내외 사업장뿐만 아니라 협력업체에 대한 공급망 전반의 관리도 엄격하게 점검 및 개선하도록 한다. RBA 산하에는 광물 관련 글로벌 협의체인 RMI도 있다. 인권, 환경 문제가 없는 윤리적이고 투명한 광물 구매 체계를 만들고자 하는 것이다. 유엔글로벌콤팩트는 세계경제의 지속가능한 발전을 목적으로 설립된 세계 최대 규모의 자발적 이니셔티브다. 유엔글로벌콤팩트는 인권, 노동, 환경, 반부패 분야 10대 원칙을 정립해 제시하고 있으며, 전 세계 163개국에서 1만 5000여 기업·기관이 가입했다. 국내 대기업들도 이러한 글로벌 이니셔티브에 가입함으로써 국제사회에서 요구하는 ESG 기준에 부합할 수 있도록 노력하고 있다.

　마지막으로 비영리기관 자체도 ESG 경영을 하고 있는지 살펴볼 필요가 있다. 기사를 통해 기업이 아닌 천주교에서 '탄소 중립'을 어떻게 실행할 수 있을지에 대해 구체적인 발표를 한 걸 봤다. 놀라웠던 건 목표치도 현실적이었고, 그 목표를 달성하기 위한 실행 방안도 매우 구체적이었다. 기업만 ESG 경영을 하는 것이 아니라 모든 조직이 지속가능한 지구를 만들기 위해 이런 선언과 실행을 할 수 있다는 걸 새삼 확인했다. 무엇보다 의미 있었던 건 이 선언은 물론 관련 기사 어디에서도 'ESG'라는 단어가 나오지 않았다는 점이다. 천주교에서 진정성 있게 '탄소 중립 선포'를 한 것에 경외감마저 들었다.

　'천주교 수원교구 탄소 중립 선포' 미사에서 수원교구장인 이용훈 주교는 "지구의 울부짖음을 더는 외면하면 안 됩니다. 코앞에 닥친 기후 위기 속에 수억 명의 기후 난민이 생존 위기를 겪는 등 인류 공동의 집인 지구가 위협받고 있습니다. 기후 위기는 인류의 삶의 방식, 특히나 부유한 국가와 지역의 사람들의 생활 방식이 초래한 측면이 큽니다. 일반적으로 전 세계 인류는 역사 이래 가장 풍요로운 시기를 보내고 있지만, 이 순간이 인류가 경험해 보지 못한 가장 위험한 시기이기도 합니다. 인류가 지속되느냐 멸절되느냐 갈림길에 서 있습니다. 가장 큰 위기에 직면한 현세대가 훗날 책임을 외면한 무책임한 세대가 아니라 막중한 책임을 기꺼이 떠맡았던 세대로 기억되어야 합니다"라고 말씀했다. 이것이야말로 우리가 ESG 경영을 해야 하는 궁극적인 이유가 아닐까 싶다.

정부: 규제가 아닌 가이드로 가야 한다

ESG가 대세가 되고, 글로벌 관련 지표가 600개가 넘자 기업들 사이에서는 어떤 기준으로 ESG 경영을 해야 할지 모르겠다는 볼멘소리가 가득했다. 투자기관, 평가기관, 원청에서 요구하는 기준이 다 다르니 특히 자원의 여력이 없는 중소기업의 경우 그 불만이 더 커질 수밖에 없었던 것이다. 그러자 산업통상자원부에서 '한국형 이에스지K-ESG'를 내놓겠다고 발표했고, 2021년 4월 말 대한상공회의소에서 주요 기업들을 상대로 간담회를 열고 K-ESG 지표 초안을 공개했다.

K-ESG의 개발 의도는 해외 지표가 우리나라 경영 환경이나 특수성을 고려하지 않아 역차별을 야기할 수 있으니 현실성 있는 지표를 만들어 우리나라 기업들의 평가 대응 능력을 강화하겠다는 취지였다. 하지만 초안이 발표되자마자 여러 가지 비판의 목소리가 나왔다. 첫째, K-ESG가 또 다른 규제로 작용할 수 있다는 것, 둘째, 국내 200개 기업을 적용해 평가한 결과가 해당 기업의 ESG 실상을 제대로 반영하지 못하고 있어 실효성이 없다는 것, 셋째, 우리나라에서 지표를 표준화한다고 해도 해외의 투자기관이나 원청에서 다른 지표를 요구할 경우 K-ESG는 무용지물일 수밖에 없다는 것 때문이다. 결국은 산업통상자원부에서 정부가 기업을 직접 평가하려는 것은 아니고, 국내 평가기관들에게 가이드라인으로 제시하기 위한 것이라고 강조했고, 2021년 12월 1일 ESG 평가 항목 및 기준을 정리한 'K-ESG 가이드라인'을 관계 부처 합동으로 발표했다. 이는 국내외 주요 13개 평가기관의 3000개 이상 ESG 평가 지표와 측정 항목을 분석해 61개 항목으로 평가 기준을 정리한 자료다. 기업의 ESG 경영에 도움이 될 수 있도록 ESG 평가의 핵심과 공통사항을 위주로 추렸고, 1~2년 주기로 개정판도 발간할 예정이며, 기업 규모별, 업종별 가이드라인도 2022년부터 마련한다는 계획이다.

정부의 K-ESG에 대한 태도 변화에서도 알 수 있듯이 기업과 시장에서 요구하는 '정부의 역할'에 충실할 필요가 있다. 특히 중앙정부에서 K-ESG를 만들고 나면 아무리 '가이드라인'이라고 설명을 해도 지자체나 유관 부처들은 기업에 제공하는 조달, 대출, 투자, R&D 기회 등의 혜택을 K-ESG 기준으로 만들 가능성이 높기 때문이다.

정부에서는 기업들의 목소리를 현장 곳곳에서 직접 많이 듣고, 필요한 요건에 맞게 촘촘히 지원해 줄 필요가 있다. 예를 들어 해외 지표가 우리나라 비즈니스 실정에 맞지 않는다면 여러 기업의 목소리를 모아 기업에 불이익이 없도록 해외 평가, 투자기관에 대변하여 반영할 수 있도록 영향을 미칠 수 있다. 또 자원에 한계가 있는 중소기업의 경우 ESG 경영을 잘 적용할 수 있도록 교육과 컨설팅, 그리고 친환경 시설 전환을 위한 초기 비용을 지원하고, ESG 경영을 잘하고 있는 기업들이 실제 이득을 많이 볼 수 있도록 조달, R&D 등의 정부 사업 기회를 제공할 수 있다. 더 나아가 탄소포집기술CCUS*과 같이 연구 및 투자비용이 많이 들어가는 사업에 장기적으로 지원하고, ESG 평가기관이 기업 스폰서십을 받지 않도록 자격요건을 강화하거나 부처마다의 조직 이기주의가 발생하지 않도록 협업하는 노력이 필요할 것이다.

---

* Carbon Capture, Utilization and Storage: 이산화탄소 포집·활용·저장 기술로, 화석연료 사용으로 인해 이산화탄소가 대량 생산되는 근원지에서 그 이산화탄소가 공기 중으로 방출되는 것을 방지하는 기술.

공공기관·공기업: 투자 관점보다 지속가능경영 관점이 필요하다

ESG를 투자 관점으로만 본다면 공공기관과 공기업의 역할은 제한적일 것이다. 공공기관과 공기업은 태생 자체가 사회적 가치 실현 확대가 목적이기 때문이다. 공공기관은 국가의 감독 아래 일반 사회의 여러 사람과 관계있는 일들을 처리하는 기관으로 에너지, 의료, 교통, 통신, 교육 등과 관련이 있고, 개인의 이익이 아니라 공적인 이익 추구를 목적으로 지방자치단체와 공기업, 준정부 조직을 통틀어 이르는 말이다. 한국과학창의재단, 한국콘텐츠진흥원과 같이 영리를 목적으로 하지 않는 정부 산하 기관들이 모두 여기에 해당된다. 그중 공기업은 국가나 지방자치단체가 사회 공공의 복리를 증진하기 위하여 경영하는 기업으로 철도, 우편, 수도 등의 사업이 주를 이룬다. 중앙정부 또는 지방정부가 출자하여 설립되었거나 지분이 대부분 정부에게 속해 있는 기업이다. 한국전력공사, 한국토지주택공사, 한국철도공사 등이 있다.

'ESG' 하면 빠짐없이 등장하는 사례가 한국전력공사다. ESG를 촉발한 블랙록과 관련이 깊기 때문이다. 세계 최대 규모 자산운용사인 블랙록은 2020년 4월 베트남과 인도네시아 등에서 석탄화력발전소 건설을 추진하고 있는 한국전력을 향해 '석탄 투자는 기후 변화에 역행하는 계획'이라며 투자 중단을 경고

했다. 블랙록은 한국전력에 석탄에너지 투자에 대한 명확한 전략적 근거를 제시하라는 요구사항을 전달하며, 당장 필요하다면 이사 선임에 반대하는 등 주주 행동까지 취할 수 있다고 경고했다. 실제로 네덜란드공적연금[APG]은 한국전력이 중국·인도네시아·베트남 등의 석탄 발전소 프로젝트에 연관됐다는 이유로 2020년 2월 6000만 유로(약 790억 원)의 한전 지분을 매각하고 투자를 회수했다. 이처럼 공기업의 경우 투자자의 직접적인 압박을 받기도 한다.

또 다른 공기업 ESG 경영의 주요 배경은 '경영 평가'다. 매년 받는 공기업 경영 평가의 총점 55점 중 44%에 해당하는 24점이 '사회적 가치 구현' 항목이다. 대부분 ESG와 관련된 환경, 사회 통합, 윤리 경영에 관한 것이다. 공기업 외 투자나 수익 창출과 직접적인 관련이 없는 지방자치단체, 준정부 조직, 정부 산하 기관의 경우에는 투자 관점의 ESG보다는 지속가능경영 관점의 ESG를 목표로 해야 한다. 2021년 12월 서울교통공사 승무원이 열차 내부와 승강장 등에 설치된 CCTV를 이용해 여성 승객들을 수개월 동안 불법 촬영한 것으로 조사됐다. 서울교통공사는 해당 직원을 직위 해제하고 업무에서 배제했다. 영리를 목적으로 하는 것이 아닌 지방자치단체, 준정부 조직, 정부 산하 기관에서도 이와 같은 리스크와 이슈는 발생할 수 있다. 따라서 '사회적 가치 구현'을 목적으로 하는 공공기관도 환경[E]이나 사회[S]에 부정적인 영향을 미치지 않는 거버넌스[G] 체계를 갖추는 것이 무엇보다 중요하다.

　공공기관도 어떤 기능을 수행하도록 협동해 나가는 체계인 '조직'으로 구성되어 있는 만큼 ESG 경영을 피해 갈 수는 없다. 공공기관이나 공기업이 ESG 경영을 추구하는 것은 결국 정부 정책의 이행을 넘어 조직으로서 지속가능하기 위함이다. 조직에서 제공·판매하는 서비스의 성격이 공익이나 사회적 가치와 가깝다고 해서 그 조직이 건강한 조직문화나 투명한 의사결정 과정을 가지고 있다고 보장할 수는 없다. 따라서 어느 조직이건 조직의 리스크를 파악하고 이를 개선하기 위해 조직 차원에서 지속적으로 노력을 기울여야 한다.

How to ESG

How to ESG
조직의 비즈니스 전략 및 방향성은 무엇인가?

ESG 경영에 기반한 '지속가능한 기업'으로서의 의사결정은 수익 창출 및 극대화라는 비즈니스 결과로만 판단할 수는 없다. 다음 네 가지 요소를 고려해 추진 과제의 전략적 방향성을 검토해 보자.

1. 비즈니스(Business)
해당 의사결정은 비즈니스 매출과 수익에 어떤 결과를 가져오는가?

2. 품질(Quality)
해당 의사결정은 제품이나 서비스의 품질에 어떤 영향을 미치는가?

3. 사회적 책임(Social Responsibility)

해당 의사결정이 사회^S 영역에 미치는 영향은 어떤 것들이 있는가?
얼마나 영향을 미치는가?

4. 환경적 책임(Environmental Responsibility)

해당 의사결정이 환경^E 영역에 미치는 영향은 어떤 것들이 있는가?
얼마나 영향을 미치는가?

ESG 경영,

3장

이렇게 시작하면 쉽다

비즈니스의 글로벌 트렌드인 **ESG**의 흐름 앞에서 각 조직마다 이를 어떻게 자기들만의 무기로 만들지 분주하다. 하지만 현장에서는 어떤 식으로 기존 업무에 **ESG**를 적용시켜야 할지 혼란스럽다. **ESG**에 대한 국내외 **600**여 개 이상의 평가·공시지표가 존재하지만 평가기관의 평가 기준과 결과 도출 방식에 대한 정보는 대부분 공개하지 않고 있어 ESG 경영에 관심이 많은 기업도 어떻게 **ESG** 경영을 준비하고 평가에 대응해야 하는지 어려움을 호소하고 있는 실정이다. 처음 가는 곳이더라도 지도를 볼 줄 안다면 헤매지 않고 목적지를 향해 갈 수 있는 법이다. **ESG**의 현장 적용을 위한 가이드를 먼저 따라가보자.

CEO가 ESG 경영을
반드시 시작해야 하는 까닭

한국 영화 〈삼진그룹 영어토익반〉(2020)은 과거 국내에서 일어난 낙동강 폐수 유출 사건을 중심으로 이야기가 전개된다. 해당 사건으로 인해 마을 주민이 겪는 피해와 이를 은폐하려는 기업 관계자, 기업의 압박을 받는 미디어 등의 이야기가 나온다. 더 들여다보면 직장 내 여성의 사회적 지위, 대졸과 고졸 직원의 역량과 관계없는 학력 기반 차별, 국내 기업의 평판을 떨어트려 낮은 가격에 인수하려는 글로벌 자본의 꿍꿍이까지 등장한다. 이를 재미있게 풀어낸 걸 웃으며 보다 보면 씁쓸해진다. 이 이야기가 가짜이면 좋겠는데, 실화에 기반을 뒀다는 점 때문이다.

　영화의 모티브가 된 '낙동강 페놀 유출 사건'은 1991년 경상북도 구미시 구미공업단지에 있는 두산전자에서 실제 벌어진 일이다. 그해 3월 14일과 4월 22일 두 차례에 걸쳐 각각 페놀 30톤과 1.3톤이 낙동강으로 유출되어 대구의 상수원으로 유입되었다. 악취가 심해 시민들이 신고했지만, 취수장에선 원인규명을 제대로 하지 않은 채 다량의 염소 소독제를 투입해 오히려 사태를 악화시켰다. 페놀은 염소와 반응하면 '클로로페놀'이 되면서 독성이 더 강해지기 때문이다.

　결국 대구 수돗물은 페놀로 급속히 오염되었고, 낙동강을 타고 흐른 페놀은 하류의 밀양·함안 등을 넘어 심지어는 부산 상수원에서도 검출되어 낙동강 유역 전체로 '페놀 쇼크'가 번졌다. 매일 써야 하는 수돗물을 못 믿어 불법 생수 시장과 정수기 사업이 활성화될 정도였다고 하니 당시 사람들이 얼마나 불안해했는지 짐작할 수 있다. 결국 대구광역시를 비롯해 낙동강 주변의 피해를 본 지역에서는 두산그룹에 대한 불매운동을 벌이기에 이르렀고, 뒤늦은 조치들이 이어졌다. 조사 결과 대구지방환경청 공무원 7명과 두산전자 관계자 6명이 구속되었고, 관계 공무원 11명이 징계 조치되었다. 또 당시 두산그룹의 박용곤 회장이 직책에서 물러났다.

　이 일로 인해 두산그룹은 OB맥주를 비롯한 각종 소비재 관련 계열사를 대거 매각하면서 소비재 산업에서 철수했고

2000년대 들어서면서 인수·합병 등을 통해 중공업 분야로 진출해 그룹 전체 성격이 바뀐다. 마치 물에 떨어진 잉크 한 방울처럼 낙동강 페놀 유출 사건이 한 그룹의 수십 년간 이어온 비즈니스 방향을 완전히 바꿔버린 셈이다.

    2020년대인 지금, 이런 일이 벌어졌다면 어떻게 되었을까? 과거와 다르게 지금은 기업의 부정적 이슈가 순식간에 SNS를 장악하고 기업의 평판뿐 아니라 주가에도 바로 영향을 미친다. 특히 지금은 ESG가 있다. 예를 들어 현재의 ESG 측정 지표 중 'GRI* 306: 폐수 및 폐기물'이 있는데, 만약 당시 두산그룹에서 이 지표를 잘 준수했다면 페놀 유출 사건은 막을 수 있었을 것이다. 투자사들이 ESG 지표를 유심히 보고, 조직의 선장 역할을 하는 리더들이 좋은 ESG 평가를 받기 위해 노력하는 이유다.

앞서나가는 리더들은 먼저 움직인다

ESG 경영에 가장 먼저 뛰어든 곳은 글로벌 경영을 하는 대기업들이다. 전국경제인연합회는 2021년 4월 중순 '그룹 ESG 경영

---

* Global Reporting Initiative: 기업의 지속가능 보고서에 대한 가이드라인을 제시하는 국제기구. 1989년 미국의 대형 유조선 좌초 사고로 원유 4만 톤이 알래스카 해안에 유출된 것을 계기로 1997년에 만들어졌다

사례 조사' 결과를 발표하며, 급물살을 타고 있는 10대 그룹의 ESG 경영과 그들의 ESG 경영 트렌드 키워드를 'S.M.A.R.T'로 설명했다.

- 조직화(Structuring): ESG위원회 등 기구 설치 구조화 및 가속화
- 측정(Measure): 환경인증, 반부패인증, RE100* 등 국제인증, 글로벌 이니셔티브 가입과 같이 측정 가능 수단 확보 주력
- 연합(Alliance): 에너지 얼라이언스(10개 사), 수소동맹, 공동 ESG펀드 등 적극적 동맹. 더 나아가 이업종 간 동맹도 체결
- 관계(Relations): 소비자 대상 친환경 사업 및 협력사 공급망 관리와 ESG 컨설팅 등 관계 중심 프로젝트 추진
- 기술(Tech): 에너지 고효율 기술, 수소연료전지, 썩는 플라스틱 등 친환경 기술개발 및 대규모 투자

대기업뿐만 아니라 정부에서도 산업통상자원부가 최근 관계 부처 합동으로 마련한 K-ESG 가이드라인을 중심으로 중소·중견 기업의 공급망 ESG 리스크 관리를 위해 나섰다. 공급망 실사 제도에 대한 대응 능력을 높이고, K-ESG 경영 지원 플

---

* Renewable Energy 100%: 기업이 사용하는 에너지를 약속한 시점까지 100% 재생에너지로 충당하겠다는 '기업의 자발적 참여 캠페인'. 2022년 2월 기준 349개 기업·단체가 국제적으로 참여 중이며 이들의 재생에너지 전환율은 45%로 나타나고 있다.

랫폼을 마련해 중소·중견 기업을 대상으로 ESG 경영과 평가 대응 역량 강화를 위한 정부 종합 지원 허브를 구축한다는 것이다. 또한 글로벌 동향과 이슈를 제공하고, 업종·직군별 온라인 교육을 실시해 자사의 ESG 수준을 진단하고 모의 평가할 수 있는 인력을 양성하여 자가 모의 평가를 진행한 기업에 대해서는 동일 업종과의 비교 컨설팅도 제공한다고 한다.

이렇게 대기업과 정부가 나서서 ESG 경영을 견인하다 보니 중소·중견 기업과 스타트업, 사회적 경제기업 등에도 ESG에 대한 중요성이 빠른 속도로 확산되고 있다. 또한, 비즈니스 경영에 있어 ESG는 선택이 아닌 필수인 시대가 되다 보니 미디어나 외부 행사를 통해 그 중요성을 인지한 리더가 먼저 기업 내부에 ESG 경영 도입 및 추진에 대한 요구를 하게 된다.

ESG를 가장 먼저 담당하는 부서는 어디일까

이때 가장 먼저 과제를 받게 되는 곳은 '지속가능경영'과 관련된 현업 부서일 것이다. 대체로 CSR 부서인 경우가 많다. 하지만 대기업이나 중견기업 수준의 인력 규모가 아니라면 CSR이나 ESG 관련 전담 책임자를 두고 있지 않은 경우도 허다하다. 전략기획, 인사팀, 홍보팀, 마케팅팀 등에서 겸임하기도 하는데, 이 경우 소속 부서의 성격을 많이 반영한다. 인사팀 소속은 주로 임직원 참여를 위한 환경E이나 사회S 이슈 연계 사회 공헌 활동 중심으로, 홍보팀 소속은 ESG 활동을 통한 기업의 긍정적인 브랜드 평판 관리 위주로, 마지막으로 마케팅팀 소속은 그린 골프대회, 그린 콘서트 등 환경E, 사회S를 주제로 한 캠페인 등을 기획하곤 했다.

하지만 ESG 경영을 기업 전반에 내재화하기 위해서는 지원 부서로서의 포지션보다는 비즈니스 통찰력을 가진 임원급 의사결정권자가 여러 부서와 커뮤니케이션하며 전략적으로 사업을 주도할 필요가 있다.

회사 설립과 방향 설정에 큰 영향을 끼친 빈센트 스탠리 파타고니아 철학 담당 임원처럼 진정성 있는 경영철학을 바탕으로 비즈니스 의사결정을 할 수 있는 역할이 필요하다. 파타고니아에서 옷을 만들 때 발생하는 화학제품 사용을 줄이기 위해 1996년부터 모든 면제품을 유기농 목화로 제작하는 의사결정을 했을 때처럼 ESG 경영을 하다 보면 비즈니스 이익과 지속가능한 ESG 경영으로의 의사결정이 서로 부딪히는 경우가 있다. 이때, 조직의 경영철학이나 거버넌스 체계가 기업이 어떤 의사결정을 할 수 있는지와 밀접하게 연관되어 있다. 최고재무책임자CFO의 승인을 받아야 업무를 추진할 수 있는 구조라면 ESG 경영에 대한 이해도가 높은 조직이 아니고서야 이익을 넘어서는 지속가능한 비즈니스로의 의사결정을 하기가 쉽지 않다. 이 때문에 글로벌 기업에서는 최고지속가능책임자CSO의 역할이 중요해지고 있다. CSO는 기업의 비즈니스 전반에 걸친 의사결정 과정에 참여하고, ESG 경영에 맞는 장기적인 경영전략을 접목하여 다양한 부서와 협업한다. 따라서 현업 부서가 담당하게 될 경우, 해당 부서의 책임자를 의사결정권자 포지션으로 격상하거나 전문가 신규 채용 시 여러 부서와 협업할 수 있는 전략적 포지션으로 배치하는 것이 좋다.

전문가를 뽑았다면, 그다음은?

전문가를 뽑았거나 기업 규모가 작은 경우 기존 직원 중에 ESG 관련 업무를 겸임하게 될 것이다. 그럼 다음에 무엇을 해야 할까? ESG 경영을 어떻게 시작해야 할지 막막한 경우 다음의 간략한 개요도를 참고하면 도움이 될 것이다. 물론 항목별로 이해

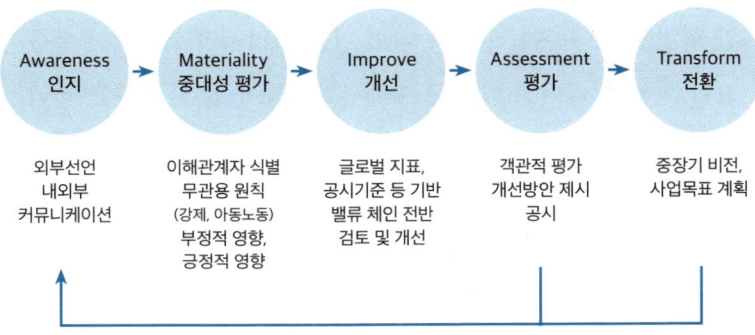

해야 할 개념과 챙겨야 할 요소들이 많지만, ESG 경영에 대해서 무엇을 하면 좋을지 전체 프로세스에 대해 머릿속에 큰 그림을 그리고 시작하면 이해가 더 쉽기 때문이다.

① 인지(Awareness)

A기업에서 ESG 업무를 시작한다면 무엇을 먼저 시작할까? 가장 먼저 ESG가 무엇인지, ESG를 왜 해야 하는지, A기업의 전체 비즈니스 활동 중에서 ESG와 관련된 기존 업무는 무엇이 있었는지 알아볼 것이다.

ESG 담당자는 ESG, CSR, 사회 공헌에 대한 개념 차이도 이해하고, 현재 우리 기업이 어떤 목적으로 비즈니스 전략을 가지고 있는지, ESG 항목별 이슈는 어떤 것들이 있는지, 우리 기업에서 집중할 ESG 요소는 어떤 것이 있는지를 알고 판단해야 한다. 그리고 임직원들도 공감하며 동참할 수 있도록 이를 대내외적으로 소통해야 한다. 기업의 리더십이 변화 의지를 충분히 갖고 있어야 중간 관리자의 지지를 받을 수 있고, 다양한 부서 간 협업도 가능하다. 합의가 어느 정도 이뤄지면 외부에 선언을 하여 기업을 둘러싼 다양한 이해관계자들이 같은 방향을 바라볼 수 있도록 환경과 분위기를 만드는 것이 중요하다.

② 중대성 평가(Materiality)

다음으로는 A기업과 관련된 ESG 키워드들을 열거해 보고,

비즈니스와 이해관계자와 관련된 가장 중요한 키워드들을 골라 볼 것이다. 이 과정에서 A기업이 투자를 받으려는 상황인지, 매년 ESG 평가를 받고 있는지, 올해나 내년 상장을 목표로 하고 있는지, 거래하고 있는 대기업이 요구하는 ESG 관련 지표가 있는지 등 A기업의 상황에 따라 어떤 지표부터 챙겨야 하는지 판단할 수 있다.

기업은 인력과 자금 등 자원을 무한정으로 가지고 있지 않다. 한정된 자원으로 먼저 집중해야 하는 영역을 결정하기 위해서 '중대성 평가'를 통해 기업을 둘러싼 다양한 이해관계자가 누구인지 식별하고, 비즈니스에 가장 크게 영향을 미치는 ESG 요소와 이해관계자가 중요하다고 생각하는 ESG 요소의 접점을 찾아내는 것이 필요하다. 기업의 지속가능경영 보고서를 보면 이 '중대성 평가'를 포함하고 있는 경우를 많이 볼 수 있다. 이때 강제 노동이나 아동 노동과 같은 무관용 원칙에 해당하는 것은 발견 즉시 중단해야 한다. 다음으로는 부정적인 영향과 긍정적인 영향 중 부정적인 영향을 먼저 개선하는 것이 좋다. 기업이 비즈니스를 하면서 발생하는 환경 파괴, 안전사고 등의 부정적인 영향과 고용 창출, 사회 공헌과 같은 긍정적인 영향이 어떤 것들이 있는지 정리해보고, 부정적인 영향들을 최소화하고 긍정적인 영향들을 극대화하는 로드맵을 구성해야 한다.

③ 개선(Improve)

글로벌 전체에 ESG 관련 지표가 600개가 넘기 때문에, 이 모든 지표를 맞추는 것은 불가능하다. 즉, 비즈니스 우선순위가 높은 지표나 규제를 우선적으로 대응하거나 준비하는 것이 좋다. 투자, 대출, 대기업 협력, 수출 등 저마다의 목적에서 필수적으로 준수해야 하는 글로벌 지표나 평가항목 기준이 무엇이 있는지 살피고, 해당 내용을 기준으로 중장단기 실천 과제를 설정 및 수행하는 것이다. 이 단계에서 평가를 위한 중장단기 목표, KPI도 설정한다. 예를 들면, 2050년까지 탄소 중립을 달성하겠다고 목표치를 설정하면, 연도별로 제조생산 과정에서 배출 자체 감축, 온실가스 제거 기술 활용 등과 같은 분야별 감축계획과 세부 목표를 세우고, 담당 부서와 지속적으로 협업하며 진행 상황을 체크해야 한다.

그다음은 우선순위에 따라 고른 지표들을 조직의 비즈니스 키워드와 연결하여 올해 당장 실행할 수 있는 단기 목표를 세울 차례다. 물론 환경[E]이나 노동, 인권 관련 이슈들은 개선을 위해 오랜 시간이 걸리기 때문에 먼저 장기적으로 달성해야 하는 목표를 설정하고, 그에 대한 연도별 달성 목표를 쪼개서 설정할 수도 있다.

다음으로는 해당 목표를 어떻게 달성할 수 있을지 세부 과제를 계획한다. 기존에 진행했던 과제가 있었다면 그 과제가 목표 달성을 위해 효과적인지 점검하고, 만약 연관된 과제가 전혀 없었다면 새로운 과제부터 계획해야 할 수도 있다. 전반적인 ESG 경영 목표, 추진 방향, 세부 과제 등이 구체화되면 A기업의 최고경영자, 의사결정권이 있는 경영진의 승인을 받고 해당 과제들을 실행한다. 이러한 새로운 추진 과제에 대해 원활하게 승인을 받기 위해서는 사전에 재무팀과 협업하여 예상 소요 비용, 과제에 대한 기대효과, 가용한 예산 등을 확인하는 등 철저히 준비하는 것이 좋고, 유관된 부서장들도 사전에 미리 알고 '한편'으로 만들어 추진하고자 하는 내용에 대해 지지할 수 있도록 사전 작업을 해 두어야 한다.

④ 평가(Assessment)

흔히 ESG를 '비재무적 성과지표'라고도 이야기한다. 과거에는 투자의사 결정 과정에서 기업의 재무적 지표만을 보고 판단했다면, ESG 경영을 잘하는 기업이 장기적으로 투자 리스크가 적다는 투자 경험을 토대로 ESG, 즉 비재무적 성과지표를 보기 시작한 것이다. 하지만 여전히 투자의사 결정을 위해 비교할 수 있는 근거와 데이터는 필요하고, 비재무적 성과지표 역시 수치화·지표화는 필수적이다. 따라서 똑같이 100만 원을 들여 탄소 배출이라는 환경과 관련된 부정적인 영향을 개선하는 데 돈을 썼을 때, 실제 달성효과 측면에서 ROI(Return On Investment, 투자 수익률이지만 여기서는 투자 대비 효과)를 따져봐야 하고, ROI가 높은 곳에 더 많은 예산을 집중하는 것이 당연하다.

승인을 받고 A기업의 ESG에 대한 과제를 시작했다고 해도, 실행 과정에서 사전 가설과 맞지 않을 경우 빠르게 수정해야 할 수도 있다. 특히 ESG 경영은 다양한 이해관계자와 얽혀 있는 경우가 많기 때문에 A기업의 의지만으로 추진할 수 없는 경우나 계획을 바꿔야 하는 경우도 경험하게 될 것이다. 예를 들면, A기업에서 주도하여 B정부기관, C기업, D기업과 협업하여 탄소 절감을 위한 협의체를 구성하려고 했는데, 알아보니 B정부기관에서 직접 20개 기업과 유사한 이니셔티브를 추진 중에 있었던 것이다. 그러면 정부의 이니셔티브에 20개 기업 중 하나로 참여하는 것이 좋을지, 독자적으로 다른 협의체를 구성하는 것이 좋을지 판단해 의사결정을 해야 한다. 이처럼 ESG 경영을 위해 하나의 프로그램에 대해서도 계획^{Plan}-실행^{Do}-점검^{Check}-개선^{Act}을 반복하며 추진한다. 분기별, 연도별로 해당 목표를 잘 달성하고 있는지 확인하면서 ESG 경영을 실행하고, 평가한다. 설정했던 목표를 토대로 평가를 하게 되면 수행 결과를 '판단'하는 데는 물론, 이후 같은 예산으로 어떤 곳에 집중할지 '선택'을 하는데도 의미가 있다. 따라서 객관적인 평가를 위해 수치적인 측정을 하는 것이 중요하다.

⑤ 전환(Transform)

마지막으로는 비즈니스 전략기획 부서와 기업의 중장기 비전에 대해서도 이야기를 나누며 ESG 경영에 반영해야 한다. A

기업이 석탄 의존도가 높은 비즈니스 구조여서 투자자들의 개선 요구를 받고 있는 상황이면, 석탄 의존도가 낮은 사업으로 전환할 수 있는 비즈니스 모델을 장기적으로 고민해야 하는 것이다. 즉, 기업의 중장기 비전에 따라 체질을 개선해 나가는 것이 필요하다. 이때 단기적인 목표와 중장기적인 목표에 대한 평가를 하면서 지속적으로 ESG 경영을 고도화, 내재화시키기 위한 반복적 선순환이 필요하다.

물론 단기적인 실천 과제들을 지속적으로 평가하며 개선해 나가는 것도 필요하다. 하지만 기업의 비즈니스 모델과 중장기 전략이 지속가능경영을 위해 적절한지도 판단해야 한다. 담배보다는 건강 사업 부문에 집중하겠다고 선언한 세계 최대 담배 회사 필립모리스나 석탄 집중 에너지 회사에서 풍력·태양열·스토리지 솔루션 고성장 재생에너지 회사로 거듭난 오스테드처럼 현재 수익을 내고 있는 비즈니스 모델까지도 의심하고 재검토하여 장기적인 글로벌 흐름과 소비자의 니즈를 반영해야 한다. 그것이 단기적으로는 비용이 들어가거나 이익 상충이 되는 부분이 있더라도 장기적으로는 비즈니스를 지속할 수 있는 돌파구일 수도 있기 때문이다.

조직의 현실을 진단하는
ESG 지표·평가에 대한 모든 것

ESG 경영을 설명할 때, 쉬운 이해를 돕기 위해 교육에 비유하곤 한다. 인간이 인간다워지기 위해 '지덕체'를 고르게 성장시켜 조화를 이루는 교육을 전인교육全人教育이라고 한다면, 입시를 위한 성적 향상을 목표로 하는 교육도 있다. 특히나 우리나라처럼 아직 학벌의 영향이 큰 사회라면 이를 간과할 수는 없는 노릇이다. 마치 전인교육처럼 ESG 경영이 사랑받는 기업, 존경받는 기업으로 거듭나 '지속가능경영'을 하기 위한 장기적인 여정이라면, ESG 평가는 단기적 성과를 달성하기 위한 가이드나 지표라고 이해하면 된다. 국, 영, 수 중 어느 과목을 잘하는지 못하는지, 성적을 끌어올리려면 어떤 과목을 더 챙겨야 하는지 모의 평가를 통해 알아보는 것처럼 말이다. 하지만 인생이란 긴 여정에서 단지 입시를 위한 성적을 달성했다거나 좋은 대학에 합격했다고 해서 사랑받는 인간, 존경받는 인간이 되는 배움의 과정이 끝나는 것은 아니다. 마찬가지로 ESG 평가를 잘 받았다고 해서 해당 기업이 지속적으로 고객들의 사랑을 받으며 비즈니스를 할 수 있는 상태에 이르렀다고 단언할 수는 없다.

그렇다고 완전히 학력 중심 사회의 잣대를 무시할 수는 없기에, 성적을 올리는 것도 나름 중요하다. ESG 측면에서는 투자, 대출, 조달 심사 및 정부 R&D 사업 기회에서 우선권을 가지거나 규제로부터의 리스크를 줄일 수 있도록 현재 우리 기업의 상태를 제대로 파악하고 비즈니스에 더 큰 영향을 미치는 우선적인 ESG 지표 위주로 계획 및 추진을 하는 것이 바람직하겠다. ESG 프로세스에 맞춰 참고하면 좋을 자료들을 함께 보자.

우리 회사의 현실을 직시하기 위한 자가 진단

ESG 관련 의사결정권자나 전문가가 정해졌다면, 가장 먼저 해야 하는 것이 '자가 진단'이다. 현재 우리 기업의 ESG 수준을 파악하고, 유관된 활동이 어떤 것들이 있는지 정리해 보는 것이다.

ESG 영역별 세부 평가 항목 및 기준

구분		KPI	평가 개요 및 기준
환경			
혁신 활동		친환경 혁신역량	친환경 제품개발을 위한 연구개발을 활발히 진행하고 있으며, 관련 성과(특허, 인증 등)를 내고 있는가?
		환경성 개선 성과	제품의 생애주기에 걸쳐 환경성 개선을 위해 노력하고 있는가?
		환경경영시스템 인증	환경경영시스템 인증을 보유하고 있는가?
생산 공정		환경사고 예방 및 대응	환경사고 예방 및 대응을 위한 활동을 진행하고 관련 시스템을 구축하였는가?
		공정관리	생산공정 내 투입물 절감 및 배출물 저감을 위한 활동을 진행하고 있는가? 실제 성과가 있는가? (에너지 사용량, 용수 사용량, 화학 물질 사용 및 배출량, 대기오염물질 배출량, 폐기물 배출량 검토)
		온실가스	기후변화 리스트 대응 차원에서 CDP(탄소 정보공개 프로젝트)에 대응하고 있는가? 목표관리제 및 배출권거래제 대상 기업인가? 녹색경영시스템 인증이 있는가? 온실가스 배출 저감 활동을 진행하고 있는가? 실제 성과가 있는가?
공급망 관리		친환경 공급망 관리	협력업체의 선정과 운영, 협력업체의 제품 관리에 있어서 환경성을 충분히 고려하고 있는가?
고객 관리		그린마케팅	제품 환경성에 대한 소비자의 인지도를 향상시키고 나아가 소비자의 친환경적 행동을 촉진하기 위해 노력하고 있는가?
사회			
인적 자원 관리		근로조건	근로자의 생산성과 만족도를 향상시킬 수 있는 업무환경을 제공하고 있는가?
		고용평등 및 다양성	고용평등 및 다양성 제고를 위해 노력하고 있는가? 사회적 약자의 고용수준이 어떠한가?
		노사관계 관리	협력적인 노사관계 구축을 위해 노력하고 있는가?
		근로자 보건 및 안전	근로자 보건 및 안전을 보장하기 위해 노력하고 있는가? 당사의 근로자뿐 아니라 협력업체 근로자들의 보건 및 안전까지 관리하고 있는가? 실제 산업재해 발생빈도가 높은가?
공급망 관리		공정거래	협력업체와의 거래에 있어서 법규를 충실히 준수하고 있는가? 우월한 지위를 남용하고 있지는 않은가?
		상생협력	상대적으로 영세한 하도급 업체의 성장 지원 등 상생협력을 위해 노력하고 있는가?
		공급사슬관리	공급사슬 전반에 걸쳐 사회적 책임을 다하기 위해 노력하고 있는가?
고객 관리		고객정보 보호	고객의 정보 보호를 위한 전담조직 및 시스템을 구축하고 있는가?
		소비자 만족 경영	소비자의 불만을 수용하고 그에 대응할 수 있는 시스템을 구축하고 있는가?

고객관리	품질 관리	제품 및 서비스의 품질관리를 위한 시스템을 구축하고 있는가? 협력업체에 대해서도 품질관리를 실시하고 있는가?
사회공헌 및 지역사회	국제 이니셔티브 가입 및 활동	지속가능한 경영 관련 이니셔티브에 가입해 활동하고 있는가?
	사회 공헌 활동	기업의 자원을 활용한 사회 공헌 활동을 하고 있는가?
	지역사회 관계	지역사회와의 신뢰관계 구축을 위해 노력하고 있는가?

지배구조

주주의 권리	경영권 보호장치	정관상 경영권 보호장치가 마련되어 있는가?
	주주총회	주주총회 소집공고 공시가 충분한 시간적 여유를 두고 이루어졌는가? 주주 친화적인 투표제도가 마련되어 있는가?
	주주가치 환원	배당, 자사주 소각 등 주주가치 환원을 위한 노력을 충분히 수행하고 있는가?
정보의 투명성	공정공시	기업의 정보 공시 의무를 충실히 이행하고 있는가?
	공시위반	공시 규정을 위반한 사례는 없는가?
	회계 투명성	회계 기준을 위반한 사례나 회계 감사의 독립성이 훼손될 가능성은 없는가?
이사회의 구성과 활동	이사의 선임	이사 선임 방식과 이사 후보 선정과정이 투명하고 객관적인가?
	이사회의 구성	이사회의 구성에 있어서 독립성과 적정성을 갖추고 있는가?
	이사회의 활동	이사회가 직무를 충실히 이행하고 실질적인 기능을 다하고 있는가?
	감사 및 감사위원회	감사위원회가 마련되어 있는가? 감사위원회의 독립성은 확보되었는가?
이사의 보수	이사 보수의 적정성	이사의 보수가 경영성과 이해관계자(주주 및 근로자)에 대한 이익배분 수준과 비교해 적정한 수준으로 지급되었는가?
	보상위원회	보수 및 보상체계의 적정성 관리를 위한 보상위원회가 설치되어 있는가? 위원회 구성상 독립성은 확보되었는가?
관계사 위험	관계사 우발채무	특정 계열회사에 대한 부당지원을 통해 가치 누수가 발생할 가능성이 존재하는가?
	관계사 거래	관계사에 대한 재무적 의존도(우발채무 및 매출매입 비중)가 지나치게 높진 않은가?
	내부거래 위반	실제로 부당 내부거래를 행하거나 내부거래 공시를 위반한 사례가 있는가?
지속가능경영 인프라	지속가능경영 거버넌스	지속가능경영의 이행을 위한 조직을 구축하였는가?
	지속가능경영 보고	지속가능경영 관련 공시 의무를 투명하게, 충실히 이행하고 있는가?
	윤리경영	윤리문제 예방을 위해 전사적인 윤리규범 및 프로그램을 수립하였는가?

출처: ESG 평가기관 서스틴베스트

우리나라의 대표적인 ESG 평가기관인 서스틴베스트의 'ESG 영역별 세부 평가 항목 및 기준'을 참고할 만하다. 해당 내용은 서스틴베스트 '2020 상장기업 ESG 분석 보고서'에 포함되어 있는데, 평가 항목뿐만 아니라 질문 형식이 포함되어 있어서 기업 내 ESG 경영을 위한 프로세스나 시스템을 제대로 갖추고 있는지 스스로 진단해 보기에 용이하다.

물론 산업계에 따라 질문이 해당되지 않거나 중요도가 떨어질 수도 있고, 수많은 ESG 관련 지표들과 100% 일치하는 것은 아니다. 하지만 항목별로 어떤 프로세스나 시스템, 관련 자료들을 살펴야 하는지 이해를 하는 데는 도움이 된다. 평가 내용과 기준들을 살피면서 기업의 현재 수준에 대해 점검해보자.

이해관계자를 찾기 위한 지도 그리기

ESG를 이야기할 때 빠짐없이 등장하는 것이 '이해관계자'다. 미국의 주요 기업 최고경영자 비즈니스 라운드 테이블에서 기업의 목적이 1997년 이후 '주주 이익의 추구'에서 단 한 번도 바뀌지 않았다가 2019년 8월에서야 '주주를 포함한 모든 이해관계자를 위한 가치 창출'로 바뀐 것처럼 말이다.

'이해관계자 Stakeholder'의 사전적 의미는 기업에 대해 이해관계를 가지고 있는 사람이나 집단이다. '이해관계'는 이익과 손해가 걸려 있는 관계다. 즉, 기업에 이익이나 손해라는 경제적 영향을 미칠 수 있는 모든 사람이나 집단이다. 그렇다면 우리 기업에 영향을 미치는 이해관계자가 누구인지 식별하는 것이 중요하다.

먼저 기업 내부에서 가장 중요한 이해관계자는 누구일까? 바로 '임직원'이다. 임직원의 역량이 곧 기업의 경쟁력이기 때문이다. 다음으로 회사 밖의 이해관계자는 누가 있을까? ESG 경영에 가장 큰 영향을 미치고 있는 '주주'다. '투자자'라고도 할 수 있다. 그리고 우리 회사의 제품과 서비스를 구매 및 이용하고 비즈니스가 가능하게 하는 '고객'이 있다. 여기까지가 전통적으로 기업이 가장 집중하고 신경 썼던 이해관계자다.

그리고 ESG의 거센 흐름과 함께 환경E, 사회S 이슈와 관련하여 더욱 부상하고 있는 이해관계자가 바로 정부, 협력사, 비영리기관 혹은 지역 사회 커뮤니티다. 환경E, 사회S와 관련된 문제는 기업이 단독으로 해결할 수 없는 문제들이 대부분이기 때문에 때로는 협력을, 때로는 감시와 견제, 규제를 하면서 기업의 비즈니스에 영향을 미치고 있다.

다음으로는 기업을 둘러싼 수많은 이해관계자들이 기업의 비즈니스에 미치는 영향을 살펴봐야 한다. 예를 들어, '지속가능한 공급망이 고객과 임직원이 해당 기업을 선택하는 데 도움이 될 것인가?' '직원 복지가 개선되면 기업의 리스크에 대응하는 회복 탄력성이 향상될 것인가?' 등의 이해관계자별 영향력을 생각해 볼 수 있을 것이다.

이처럼 기업 내외부를 모두 고려해 다음과 같이 자문하며 이해관계자를 정리해 보면 좋다.

- 우리 기업에 관심이 있는 사람이나 집단은 누구인가?
- 우리 기업의 영향을 받는 사람이나 집단은 누구인가?
- 우리 기업에 영향을 줄 수 있는 사람이나 집단은 누구인가?
- ESG 경영 추진 시 승인 및 거부할 수 있는 사람이나 집단은 누구인가?
- 해당 이해관계자가 기업에 미치는 영향은 무엇인가?

이를 통해 간단하게 각 이해관계자의 영향력과 관심 수준을 나타내는 '이해관계자 맵'을 그려볼 수 있다. 크게 구분하면 높은 영향력과 높은 관심, 높은 영향력과 낮은 관심, 낮은 영향력과 높은 관심, 낮은 영향력과 낮은 관심의 이해관계자가 있다. 당연히 높은 영향력과 높은 관심에 있는 이해관계자와 적극적으로 협력해야 하고, 대응해야 한다.

다음의 도표 '이해관계자 가치 창출 사슬'은 ESG 전략, 측정 기준과 이해관계자를 연결한 모델이다. 기업 거버넌스에 대한 하버드 로스쿨 포럼의 '이해관계자 모델 및 ESG'라는 글에서 가져온 것이다. 임직원, 지역 사회, 공급자, 고객/소비자, 주주라는 다섯 가지 이해관계자를 고려하여 ESG 전략을 설정하

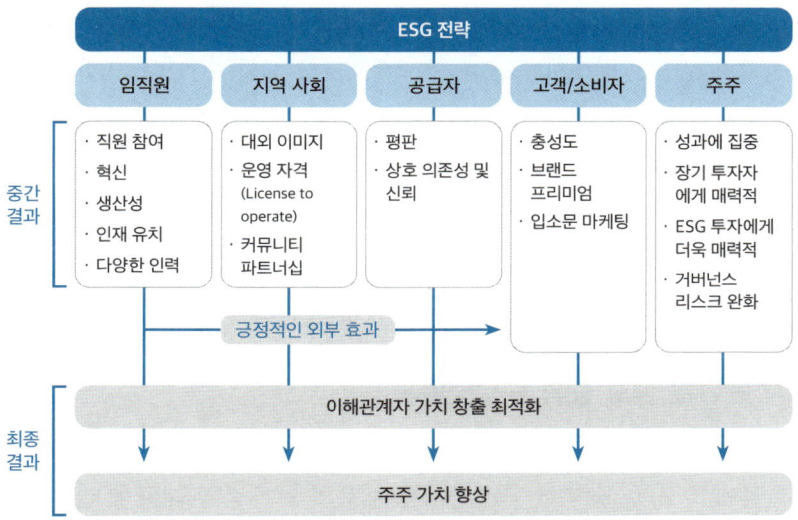

출처: https://corpgov.law.harvard.edu/2020/09/14/the-stakeholder-model-and-esg

고, ESG 경영을 잘 추진·실행했을 때 만들어 낼 수 있는 긍정적인 중간 결과들이 각각 이해관계자마다 창출된다. 결국 이렇게 최적화된 결과가 '주주 가치 향상'이라는 최종 결과로 나타난다는 것이다. 특히 눈여겨볼 부분은 임직원, 지역 사회, 공급자라는 세 이해관계자들의 긍정적인 결과가 고객/소비자, 주주와 같은 외부 이해관계자에 영향을 미친다는 것이다. 따라서 각각의 이해관계자는 독립적인 주체이기보다는 유기적인 상관관계를 갖고 있다는 점이 핵심이다.

이해관계자가 누구이고 어떤 영향을 미치는지 정리해 본다면 이후 ESG 경영을 함에 있어 이들과 어떻게 협업할지, 이들을 어떻게 참여시킬지, 이들의 요구에 어떻게 대응할 수 있는지 절차와 보상 인센티브 구조를 구체적으로 설계할 수 있다. 또한 계획했던 일련의 활동들이 어떻게 진행되는지, 어떤 결과를 만들어 냈는지도 확인해야 한다.

환경E, 사회S, 거버넌스G, 각 분야별 검토 항목은 무엇일까

한국에서 유독 환경E에만 집중하는 이유와 문제점에 대해서 질문하는 경우가 많다. 환경E이 상대적으로 사회S나 거버넌스G에 비해서 측정과 관리가 쉬운 측면도 있지만, 가장 큰 이유는 사회S나 거버넌스G를 잘 모르기 때문인 것 같다. 사회S를 단순하게 사회 공헌으로 이해하고 있는 경우도 종종 봤다.

한국기업지배구조원KCGS의 ESG 평가 개요는 다음과 같다. ESG에 대해 잘 몰랐던 사람들은 이 평가 개요와 요소들을 보고 두 번 놀란다. 먼저 사회S의 여러 요소 중 '사회 공헌'은 미미한 영역을 차지하고, 기업 경영의 많은 부분을 차지하는 근로자, 협력사 및 경쟁사, 소비자를 아우르는 다양한 영역을 ESG가 커버하고 있다는 것에 한 번 놀라고, 거버넌스G가 이사회 이외에도 주주 권리 보호, 공시, 그리고 본 개요에는 포함되어 있지 않

거나 사회S 영역으로 포함되어 있지만 의사결정 과정, 컴플라이언스(준법 감시), 윤리 경영 등까지도 포함한다는 것에 다시 한 번 놀란다.

    물론 서스틴베스트의 'ESG 영역별 세부 평가 항목 및 기준'을 보면서 자가 진단을 할 때, 이미 ESG가 기업 경영에 있어 얼마나 광범위한 부분을 다루고 있는지 체감했을 것이다. 다시 말해 ESG 분야별 항목을 제대로 이해하고 나면 기업마다 ESG 경영과 관련하여 해야 할 일이 얼마나 많은지 깨닫게 된다.

이러한 ESG 영역별 검토 항목이 이해관계자에 미치는 영향을 연결하고, 확인해 볼 수 있다. 실제 SK텔레콤이 공개한 지속가능경영의 '중요성 평가 결과'를 보면 핵심 이슈, 이해관계자 매핑, 재무상의 중대성 평가(Cost: 자본비용, Revenue: 수익 창출의 기회 및 잠재적 경쟁 우위 요인, Risk: 사업적 리스크에 대한 평가)까지 표기해 놓은 것을 볼 수 있다.

SK텔레콤 중요성 평가 결과

이슈(Topics)	이해관계자						Financial Materiality		
	구성원	고객	협력회사	정부	지역사회	주주	Cost	Revenue	Risk
① New ICT(미디어, S&C, 커머스, 모빌리티) 포트폴리오 고도화	○					○	●	●	●
② 5G 리더십 강화	○					○	●	●	●
③ 개인정보보호		○					●	◐	●
④ 고객가치 혁신		○				○	●	●	●
⑤ 온실가스 배출 관리 (탄소 중립화)			○	○	○		●	◐	●
⑥ 윤리경영 및 공정거래 이행				○			◐	◐	●
⑦ 환경경영 전략 및 체계 구축				○	○	○	●	◐	●
⑧ 지배구조 건전성 확보						○	●	●	●
⑨ 사회적 가치 창출	○	○	○	○	○		●	●	●
⑩ 자원 절감 및 에너지 효율성 향상			○				●	◐	●
⑪ 리스크 관리 체계 고도화	○		○	○			●	●	●
⑫ 기업시민 활동		○	○	○	○	○	●	●	●
⑬ 인적자본 개발	○						●	●	●

● 상　◐ 중　◐ 하

출처: https://www.sktelecom.com/view/manage/csr.do

이처럼 ESG의 각 분야별 검토 항목은 전혀 생소하지 않다. 오히려 기업이 당연히 해야 할 항목들이다. 환경E뿐만 아니라 사회S와 거버넌스G에도 충분히 관심을 기울여 중대성 평가를 진행해보자.

중대성 평가와 우선순위 결정

중대성 평가는 기업의 지속가능성과 관련하여 비즈니스적으로 또는 이해관계자들이 가장 중요하게 생각하는 ESG 관련 이슈가 무엇인지를 파악하고, 파악된 이슈들 중에 우선순위를 매겨 나타내는 것을 말한다.

 기업의 자원은 한정적이기 때문에 모든 이슈를 동시에 해결하긴 어렵다. 그래서 중요도와 시급성, 영향력 등을 고려하여 우선순위를 정해 실천하기 위한 방법론인 것이다. 그런데 안타깝게도 '지속가능경영 보고서' 작성을 외부 용역으로 맡기는 경우, 이 중대성 평가를 형식적으로 진행하는 경우도 많다. 더러는 실제 우선순위가 높게 나왔는데, 기업이 실제 추진이 어렵다면 보고서에서 삭제하고 발행하는 경우도 있다고 들었다. 기업의 지속가능경영을 위해 수행하는 중대성 평가조차 형식적으로 혹은 ESG 워싱을 목적으로 진행한다는 것이 매우 아이러니하지 않을 수 없다. 또한 중대성 평가 자체도 중요하지만 평가가 평가로만 끝나지 않도록 전후 작업 또한 매우 중요하다. 시험을 보고 채점을 하는 것보다, 채점을 한 뒤 문제를 왜 틀렸는지 공부해 다음에는 틀리지 않도록 제대로 알고 넘어가는 것이 더 중요한 것처럼 말이다.

따라서 중대성 평가를 제대로 시행하기 위해서는 실제로 다양한 이해관계자, 임직원과 소통하며 ESG 중 기업이 실천해야 할 요소들을 찾아내고, 가중치를 매겨 우선순위를 정하고, 해당 요소들이 실제 비즈니스 경영에 적용될 수 있도록 목표, 실행계획, 담당 부서, 기한 등이 세부적으로 나오고, 주기적으로 모니터링하며 계획대로 잘 추진이 되고 있는지 점검해야 한다.

큰 범주로 보자면 '중대성 평가' 안에 이해관계자 식별뿐만 아니라, ESG 분야별 항목을 검토하는 것까지 모두 포함된다.

중대성 평가 절차

1단계	2단계	3단계	4단계
내외부 환경 분석	이슈 식별 및 풀(Pool) 구성	핵심 이슈 선정	이슈 관리 계획 수립
· 동종/유사 기업 보고 이슈 · 미디어 리서치 분석 · 이해관계자 이슈 조사 · 내부자료 검토 · 국제표준 분석	· 산업 특성을 반영한 이슈풀 구성	· 사업 연관성 평가 · 이해관계자 영향도 평가 · 경영·재무적 영향도 평가	· 최종 중요 주제 우선순위화 · 이사회 검토 · 중요 이슈별 성과 관리 및 보고

하지만 이해와 실제 적용을 돕기 위해 중대성 평가의 사전 절차들을 좀 더 세부적으로 구분하여 소개한다.

① 내외부 환경 분석

먼저 기업의 현재 상태를 알아야 한다. 내외부 환경 분석을 하기 위해서는 동종업계의 유사 기업 보고 이슈를 참조하는 것이 좋다. 만약 건설사라고 한다면 다른 건설사에서 고려하는 ESG 지표를 우선적으로 살펴볼 수 있다. 예를 들어 온실가스 감축, 친환경 주거공간, 산업재해 제로, 입주민 안전복지, 포용적 주거안전망 구축, 임직원 행동강령 강화, 투명경영 등이 있다. 고려해야 할 지표나 이슈는 미디어 리서치나 이해관계자 조사, 내부 자료 검토, 산업계 지표가 잘 마련된 SASB 같은 국제표준 분석을 통해 알아 볼 수 있다.

구체적인 '중대성 평가' 실행 절차와 방법에 대해 자동차 부품 업체 A기업을 가정하여 생각해 보자. A기업은 먼저 외부 환경으로는 글로벌 지속가능경영 가이드라인, 동종업계 지속가능경영 동향 등을, 내부 환경으로는 자사의 최근 3년간 지속가능경영 활동 관련 내용을 조사하고 정리했다.

참고로 대한상공회의소에서 공유한 '중소기업 ESG 추진전략'에 따르면 중소기업이 챙겨야 하는 ESG 관리지표별 중소기업의 접근 방향은 다음과 같다. 시급성과 관리 용이성 측면에서 모두 '높음'에 해당되는 접점에 있는 항목들(고용관행 개선, 환

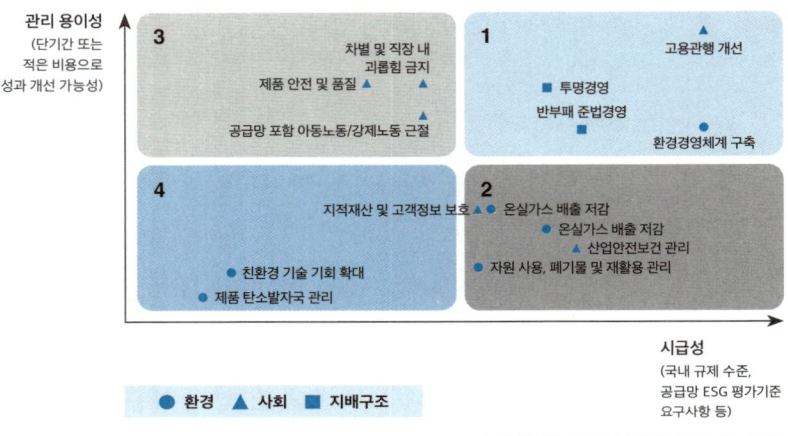

출처: 대한상공회의소, 중소기업 ESG 추진전략(2021.8.)

경경영체계 구축, 투명경영, 반부패 준법경영)을 우선적으로 고려해 볼 수 있다.

② 이슈풀 구성

이슈풀 구성과 이슈 분석은 기업에 따라 순서가 바뀌기도 한다. 내외부 환경 분석을 통해 조사한 내용을 바탕으로 외부 키워드와 내부 키워드를 종합하여 이슈풀을 구성한다. A기업은 고객사인 자동차 회사에서 EU의 공급망 실사법, 탄소국경세 등에 대비하여 A기업에 탄소 절감, 경영 시스템 및 작업 환경 개선에 대한 요구를 하고 있다. 따라서 이슈풀에는 '환경경영체계 구축'과 '제품 안전 및 품질' '산업안전보건 관리' '공급망 포함 아동 노동/강제 노동 근절'에 대한 키워드가 포함된다. '공급망 포함 아동 노동/강제 노동 근절'은 무관용 원칙이어서 현장 실사를 통해 바로 개선해야 하고, 우선적으로 시행할 수 있다. '제품 안전 및 품질'과 '산업안전보건 관리'는 A기업의 경우 매년 인증 심사를 받고 있는 ISO9001(국제표준화기구에서 제정·시행하고 있는 품질경영 시스템에 관한 국제 규격)과 ISO45001(안전보건 경영시스템) 갱신 심사가 가까운 시일에 예정되어 있어서 해당 심사 결과에 따라 부적합과 권고사항에 대한 시정조치를 하면서 개선해 나갈 수 있다. 가장 어려운 과제가 '환경경영체계 구축'인데, 이것은 단기적으로 개선할 수 있는 부분이 아니기 때문에 고객사인 대기업의 요구사항을 구체적으로 파악하고, 동종업계의 다른 기업들과 해외 기업들은 어떻게 대응하고 있는지 시장 조사도 하면서 중장단기 계획을 세워 추진하는 것이 좋다.

③ 핵심 이슈 선정

ESG는 기업의 전반적인 경영 활동과 모두 연관되어 있다. 그래서 수많은 이슈 중 중요도가 높은 핵심 이슈 선정이 필수적이다. 핵심 이슈를 도출하기 위해서는 이해관계자(고객, 임직원, 협력사·공급사, 지역 사회, 주주·투자기관) 관심도를 분석해야 한다. 그 방법으로는 국내외 미디어 분석, 동종업계 현황 조사, 글로벌 가이드라인 분석, 이해관계자 심층 인터뷰 등이 가능하다.

분석한 이슈를 기반으로 종합 평가하여 핵심 이슈를 선정할 수 있다. A기업은 고객사인 자동차 회사에서 요구하는 탄소 절감에 대한 과제 이행을 위해 '환경경영체계 구축'과 2022년 1월 27일부터 시행된 중대재해처벌법에 대한 정부, 지역 사회를 포함한 이해관계자의 관심이 매우 높아져서 '산업안전보건 관리' 두 가지를 핵심 이슈로 선정한다.

④ 이슈 관리 계획 수립

핵심 이슈가 선정되면 내부 경영진과 도출된 이슈를 검토하고, 핵심 이슈에 대한 이해관계자의 의견을 청취하여 기업의 비즈니스 전반에 미치는 영향을 파악한다. 중대성 평가 결과를 바탕으로 현재 활동을 재점검하고, 개선방안을 도출하는 것이다.

마지막으로 주요 이슈별 사내 전담 부서와 해당 부서 임원의 KPI 설정 및 관리계획을 수립한다. A기업에서는 '환경경영체계 구축'을 위하여 제품 개발 부서, 생산 부서와 협력하고 성과지표와 관리계획을 수립했다. '산업안전보건 관리'를 위해서는 외부 인증기관의 심사를 통해 현재 안전보건 이슈를 발굴하고, 관련된 부서와 시정조치 계획을 수립할 예정이다. 또한, '환경경영체계 구축' 및 '산업안전보건 관리' 두 가지 핵심 이슈에 대해서는 전사적으로 임직원의 이해도, 인지도를 높일 수 있는 교육을 진행하고, 개인 성과지표로 반영하여 연말 인사고과에도 연계할 예정이다.

A기업과 같이 ESG 경영을 기업의 적재적소에 잘 반영하기 위해서는 핵심 이슈에 대한 실질적인 실행방안을 수립하고, 제대로 실행할 수 있도록 현재 활동을 점검하며 개선방안을 도출하고, KPI로 연계하는 등 선순환으로 이어지는 것이 바람직하다. 또한 '중대성 평가' 전 과정에 걸쳐 이해관계자나 임직원과 투명하게 소통하며 계획된 주기에 따라 보고와 성과관리를 하는 것도 중요하다.

다른 기업은 중대성 평가를 어떻게 할까

중대성 평가를 가장 빨리 배울 수 있는 방법은 이미 하고 있는 기업의 사례를 많이 보는 것이다. 특히 우리 기업과 같은 업종의 사례를 보면서 이해관계자 식별, 중요 ESG 요소 등을 참고하면 더욱 큰 도움이 될 것이다. 그런 의미에서 'NAVER 2020 ESG보고서'와 '포스코 기업 시민 보고서 2020'의 중대성 평가 부분을 꼼꼼하게 살펴보자.

다음의 QR코드에서 네이버의 ESG 보고서를 직접 볼 수 있는데, 21쪽의 중대성 평가를 보면 네이버는 IT 기업이니만큼 핵심 이슈로 정보 보안, 프라이버시 및 표현의 자유, R&D 및 기술혁신, 윤리 및 컴플라이언스, 상생협력과

NAVER 2020 ESG보고서

소셜 임팩트 창출, 이용자 만족이 도출되었다. 항목별로 비즈니스 세부 항목에 미치는 영향과 어떤 이해관계자에게 중요한지 확인할 수 있다.

포스코는 철강산업으로 사업장 안전/보건 강화, 기후 변화 대응, 생산경쟁력 확보 등 10개 핵심 이슈가 선정되었다. 다음의 QR코드에서 포스코 보고서를 확인할 수

포스코 기업 시민 보고서

있는데, 29쪽을 보면 핵심 이슈별 글로벌 보고 프레임워크의 어느 항목에 해당하는지 인덱스 형식으로 보여주며, 네이버와 마찬가지로 이해관계자 및 비즈니스 영향도를 3단계로 나누어 일목요연하게 보여주고 있다. 가장 눈에 띄는 부분은 30쪽의 ESG 핵심 이슈 및 대응 현황이다. 10대 이슈에 대해 중장기 관리 목표를 구체화하고, 최고 경영진의 KPI와 연계하여 리스크 관리 방안을 체계적으로 실행하고 있을 뿐만 아니라 달성 여부의 진행 상황을 보고서에서도 투명하게 보여주고 있는 것이 인상적이다.

중대성 평가나 공시를 할 때 글로벌 보고 이니셔티브^{GRI, Global Reporting Initiative}를 참고하게 된다. GRI는 기업의 지속가능경영 보고서에 대한 가이드라인을 제시하는 비영리기구로, 2000년 이곳에서 발표한 'GRI Guidelines(G1)'은 지속가능성 보고를 위한 최초의 글로벌 프레임워크였다. 그런데 사회가 급속히 변화하는 현실을 감안해서 가이드라인도 정기적으로 수정할 필요가 있다는 점에서 2, 3년마다 이를 개정하기로 방침을 세웠고 지난 20년간 지속가능성 보고 표준을 지속적으로 개발해 오고 있다. 2016년, GRI는 최초의 글로벌 지속 가능성 보고 표준인 GRI Standards를 제시했고, 1만 개 이상의 기업에서 지속가능경영 보고서의 공시 가이드라인으로 활용하고 있다.

그런데 이 '중대성 평가'의 양식과 관점에도 변화가 있다. 'GRI Standards 주요 변경 사항(2021)'을 보면 비즈니스 중요도, 이해관계자 중요도를 X, Y축으로 그린 중대성 매트릭스는 이제 더 이상 사용하지 않는다는 것이다. 이런 방식은 현재 대부분의 기업 지속가능경영 보고서에 포함되어 있기 때문에 당분간 혼란이 예상되며, X, Y축 중대성 매트릭스를 대체할 수 있는 방법론이 필요한 상황이다. 중대성 평가를 위한 양식이 바뀐다고 하더라도 ESG 경영과 관련하여 우선적으로 실행할 항목들을 찾아내는 과정은 필요하니 글로벌 공시 기관들의 추이를 지속적으로 살피는 것이 좋겠다.

또 한 가지 덧붙이자면, ESG 공시 기준에는 두 가지 방향성이 있다. 기업이 경제, 환경 및 인류에 미치는 영향까지 보는 GRI 관점과 다양한 환경의 변화(경제·사회·환경)가 기업의 가치 및 재무에 미치는 영향을 보는 가치보고재단(IR&SASB) 관점이 있다. 먼저 GRI 관점은 기업이 영향을 주는 환경적·사회적 이슈가 무엇인지 '영향 중요성'을 보는 것이다. 기업의 안에서 밖으로 미치는 영향을 보기 때문에 중대성 이슈를 선정할 때 기업이 경제, 환경, 사회에 미치는 영향을 반영하거나 이해관계자의 평가, 또는 의사결정에 실질적으로 영향을 미치는 이슈를 고려한다.

IR&SASB 관점은 기업이 영향을 받을 수 있는 환경적·사회적 이슈가 무엇인지를 나타내는 '재무적 중요성'을 보는 것이다. 지속가능성에 관련한 리스크 중 외부에서 기업 내부에 영향을 미칠 요소들을 중점적으로 살펴본다. 기업에 재무적으로 중요한 영향을 미칠 가능성이 높은 지속가능성 요인을 중대성 이슈로 정의하며, 77개 산업별 중대성 이슈를 제공한다.

두 가지를 모두 봐야 한다는 이중 중대성 Double Materiality 관점도 있다. 이 두 가지 관점을 합친 이중 중대성 관점은 기업의 지속가능성에 영향을 미치는 외부의 환경, 사회적 요인뿐만 아니라 기업이 세계에 미치는 영향, 즉 내부적 관점과 외부적 관점을 모두 보는 것을 의미한다. 이중 중대성 관점에 대한 글로벌 동향을 보자면, 최근 유럽증권감독청 ESMA은 IFRS재단의 지속가능성 표준 제정과 관련해, 'ESG 요소가 해당 기업에 미치는 영향뿐만 아니라 기업이 사회 전반에 미치는 영향도 포착할 필요가 있다'며, '이러한 이중 감독은 ESG 분야에서 기업의 위치와 성과를 이해하는 데 핵심이므로 이중 중대성 개념을 포함시켜야 한다'고 주장했다. 또한 EU 집행위원회는 2019년 2월 유럽비재무정보공개지침 NFRD 개정안 초안을 만들어 공개했는데, 여기에도 이중 중대성이 명시적으로 드러나 있다. 특히 기후 변화처럼 미래에 재무적인 영향력이 강화될 사안도 중대성 기준에 포함시켜야 한다는 것이다. 따라서 국제적으로도 점차 이중 중대성 관점이 더 힘을 받을 것으로 보인다.

'중대성 평가'는 기업의 지속가능성과 관련해 가장 중요한 이슈가 무엇인지를 식별하여 지속가능경영 보고서에 표시를 하는 것이다. 따라서 기업의 상황에 맞게 어떤 관점으로 ESG 공시를 할지 기준을 선택하는 것이 좋다.

더 효율적인
ESG 경영 프로세스

ESG 경영을 마라톤이라고 한다면 중대성 평가는 준비운동에 불과하다. 구간별로 어떻게 뛸지 작전을 세우고, 다른 선수들의 장단점을 분석하고, 나의 상태를 살피는 것처럼 말이다. 이제 진짜 코스에서 마라톤을 해야 한다. ESG 경영도 마라톤처럼 길고 험한 여정이다. 일부 짧은 구간을 빠르게 뛰었다고 해서, 혹은 녹색 옷을 입고 뛰었다고 해서 완주를 하거나 좋은 결과를 만들어 낼 수 있는 것은 아니다.

특히 ESG 경영은 '내재화'가 중요하다. 내재화가 잘된 조직에서는 경영진에서 ESG 경영을 강조하며 모니터링하지 않아도 임직원 개개인이 ESG 경영에 대한 올바른 가치 판단을 하고 의사결정, 소통할 수 있는 상태가 된다. 이러한 개인들이 모여 조직문화로 자리 잡고, 기업의 경영 가치와 맞지 않는 행동이나 절차를 발견했을 때, 내부신고 Whistle Blowing 를 통해 다시 개선해 나갈 수 있다.

ESG 내재화를 위한 실행 계획

준비운동이 끝났으니 중대성 평가를 통해 선정한 핵심 이슈마다 구체적인 실행계획을 세우고 뛰어야 한다. 예를 들어 자동차 부품 업체인 A기업에서 선정한 두 가지 핵심 이슈 '환경경영체계 구축' 및 '산업안전보건 관리'에 대해 현재까지 어떤 프로그램을 추진했고, 해당 프로그램의 결과를 개선할 방법이 있는지, 기존에 진행했던 프로그램이 없었다면 어떤 새로운 프로그램을 기획하면 좋을지 생각해 본다.

먼저 '환경경영체계 구축'을 위한 중소기업 자체의 예산이나 인력이 충분치 않아서 정부 지원 프로그램을 알아보기로 한다. 마침 중소벤처기업부에서 지원하는 '저탄소 경영전환 패키지 지원'이 있다. 탄소 저감 가능성이 높은 4000개 제조 소기업을 대상으로 기업별 제조 환경 진단 및 일대일 컨설팅을 통해 저탄소 경영전환 전략 수립을 도와주는 것이다. 컨설팅을 통해 도출된 우선과제를 중장단기로 실행하면서 환경 경영이 잘 진행되고 있는지 확인하고, 지속적으로 개선해간다.

이렇게 ESG 경영을 실행할 수 있는 기본관리체계로 'PDCA'라는 프레임워크를 활용해 볼 수 있다. 1950년 미국 통계학자 에드워드 데밍이 개발한 툴이다. 그의 이름을 따서 '데밍 사이클'이라고도 불린다.

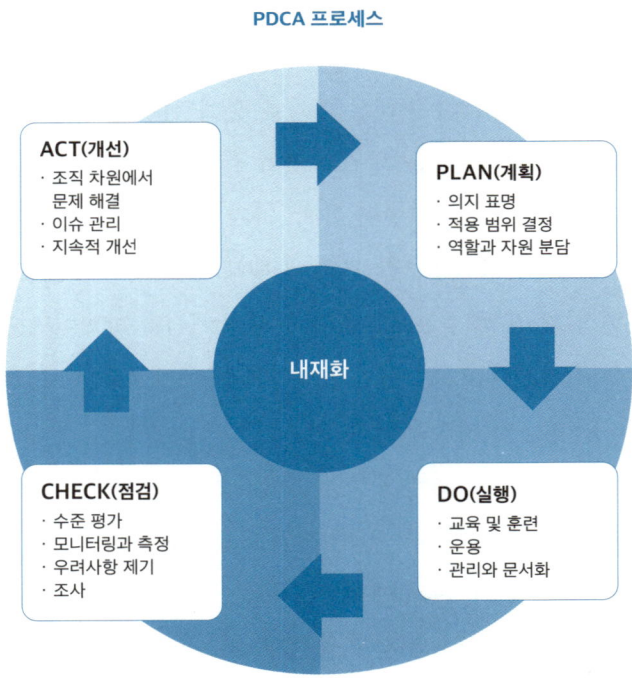

PDCA 프로세스

출처: 윤리준법경영인증원, ISO 37301 & ISO 37001 인증심사원 교육자료 참고하여 재구성

이는 품질 개선을 위한 방법으로 고안됐는데, 지금은 경영의 기본관리체계로 더 많이 활용되고 있다. PDCA는 프로세스, 제품, 서비스를 지속적으로 개선하고 문제를 해결하기 위한 반복적인 4단계 접근방식이다.

PDCA는 'Plan-Do-Check-Act'로 이루어진다. 빠르게 문제점을 개선하고 선순환을 돌리는 것이 핵심이며 조직의 규모에 상관없이 적용할 수 있다는 장점도 있다.

계획Plan에서는 의지를 표명하고, 자가 진단을 통해 이슈를 식별하고, 목표와 관리방안을 수립한다. 또 부서별 역량을 파악하여 자원을 분담한다. '환경경영체계 구축'을 핵심 이슈로 선정한 A기업은 2050년 탄소 중립을 목표로 2030년 20%, 2040년 50% 감축 경로를 설정하고, 단계별 상세계획을 수립한다. 그 상세계획에 따라 인력과 예산을 얼마나 투입할지 결정하는 것이다.

실행Do에서는 내부 의사소통, 교육과 훈련, 책임자의 책임과 역할 분담, 리스크 평가, 내부 절차 마련을 한다. 예를 들면, A기업의 '환경경영체계 구축'을 위해서 전 과정 평가Life-Cycle Assessment를 통해 제품 또는 시스템의 모든 과정인 원료 채취 단계, 가공, 조립, 수송, 사용, 폐기에 걸쳐 산업 활동이 환경에 미치는 영향을 살펴본다. '포스코 기업 시민 보고서'의 18쪽에 나온 '철의 생산 프로세스와 제품군'처럼 전 과

포스코 기업 시민 보고서

정을 그려보고 평가하는 것이다.

    이 과정상에서 개선이나 새로운 공정의 추가가 필요한 부서와 협업하며 '환경경영체계 구축'을 위한 상세계획을 수립하고 실행한다. 실제로 포스코의 경우 제품이 환경에 미치는 영향을 최소화할 수 있도록 총 3단계로 다음과 같은 것들을 추진하고 있다고 한다.

1단계
에너지 효율 향상과 경제적 저탄소 연료·원료 대체

2단계
제선 공정에 천연가스 및 수소 함유 가스 활용, 신新 전기로 적용, 제선 스크랩 직투입, 탄소포집저장 활용 기술 등 추진

3단계
기존 파이넥스 기반의 수소 환원 제철 기술을 개발해 궁극적으로 수소 환원과 재생에너지를 기반한 탄소 중립 제철 공정을 구현

    이러한 실행 단계에서는 데이터화, 문서화, 시스템화(조직 등의 운영에 관련하여 목적을 명확히 하여, 그것에 대해서 고유한 기능을 갖고 있는 것을 효율적으로 관리해 가는 것)가 중요하다.

점검Check에서는 실무자나 현업 부서 담당자가 직접 모니터링을 하거나, 감사팀이나 법무팀 등 현업 부서 외 내부 관계자가 심사하는 '내부 심사', 그리고 이를 경영진에 보고하여 검토하는 '경영 검토'가 있다. 이는 이슈를 명확히 인지하고, 미진한 부분을 개선하거나 추가 관리를 하기 위함이다. 따라서 정확하게 측정하고, 데이터로 관리하며, 투명하게 공시하는 것이 매우 중요하다. 전체 목표 대비 진행 상황이 어떠한지도 주기적으로 점검을 해야 한다.

마지막으로 개선Act에서 가장 중요한 점은 '지속적인 개선'을 해야 한다는 것이다. 한 번 개선하고 끝나는 것이 아니라 리스크가 재발될 가능성을 막고, 새로운 리스크가 생기지 않도록 계속 챙겨야 한다. 특히 '환경경영체계 구축'과 같이 장기적인 ESG 경영을 실행하기 위해서는 PDCA 4단계를 반복적으로 돌리면서 '지속적인 개선'을 해야 한다.

PDCA 4단계를 전체적으로 보면 기획과 분석이란 두 가지 활동이 큰 축을 이룬다. 기획Planning은 조직의 리스크 대처 능력을 개발하는 것이고, 분석Analysis은 조직의 기능과 운영, 그리고 조직 성과에 리스크가 미치는 영향을 검토하는 것이다. 기획과 분석, 두 가지 상호 활동을 통해서 ESG에 관련하여 발생할 수 있는 리스크는 최소화하고, ESG 경영을 위한 상세 계획은 선순환을 돌리며 점진적으로 발전 및 개선시켜 나가야 한다.

글로벌 지표와 산업별 특성 고려하기

'K-ESG 가이드라인'은 공신력을 갖춘 국내외 주요 13개 평가기관의 3000여 개 이상의 지표와 측정 항목을 분석해 ESG 이행과 평가의 핵심·공통 사항 61개를 도출한 것이다. 이 과정에서 중소·중견 기업을 포함한 산업계, 주요 경제단체, 연기금, 금융·투자기관, 평가기관, 신용평가사 등 이해관계자와 여러 차례 간담회를 열어 의견을 반영했다. 산업통상자원부는 기업들이 지속적으로 유용하게 활용할 수 있도록 글로벌 동향을 반영한 K-ESG 가이드라인 개정판을 1~2년 주기로 발간하고, 업종별·기업 규모별 가이드라인도 2022년부터 마련할 계획이라고 한다.

물론 특정 지표를 관리해야 할 필요성이 없는 경우 K-ESG 지표를 통해서 ESG 경영의 방향을 잡으면 도움이 될 것이다. 하지만 '지표'라는 것이 목적성을 지닌 경우가 있어서, 투자자나 고객사가 특정 지표를 찍어서 요구하기도 하고, 상장사를 대상으로 ESG 수준을 평가하고 발표하는 경우도 있다. 그래서 K-ESG로 이 모든 경우를 한 번에 해결할 수는 없다. 따라서 비즈니스적으로 가장 중요한 지표부터 고려하면서 ESG 경영을 실행하는 것이 좋다.

동물나라 체육대회에서 코끼리와 새가 달리기로, 물고기와 다람쥐가 나무타기로 공정한 평가를 받을 수는 없다. 이동 방법의 조건이 다른 동물들이 같은 잣대로 평가를 받아서는 안 된다는 이야기다. ESG 지표도 마찬가지로 다른 산업계를 동일한 기준으로 평가하기는 어렵다. 그런 배경으로 등장한 것이 지속가능성 회계기준위원회SASB다. SASB 주요 지표는 정량적으로 보고하도록 설계되어 있고 산업별 비교 가능성을 높이기 위해 산업별 분류 체계에 따라 금융, 건설, 투자, 하드웨어, 화학, 전기 및 전자, 가정용품 등 분야별 보고 기준을 별도로 두고 있다.

SASB는 비재무적인 가치인 ESG를 재무적인 가치와 함께 평가할 수 있게 해주는 지표이며 총 77개의 산업군을 다루고 있다. 'Value Reporting Foundation' 웹사이트에서 SASB Standards 산업별 내용을 찾아볼 수 있다. 산업군마다 중점적으로 검토해야 할 항목을 볼

Value Reporting Foundation

수 있는데, 예를 들어 미디어&엔터테인먼트, 인터넷 미디어&서비스 두 가지 산업군에서 보고 있는 지표들을 보면 크게 다섯 가지를 중요시한다. 첫째, '다양성'이다. 대내외적으로 만드는 콘텐츠가 다양성을 보장하기 위한 정책과 절차에 적절한지, 내부적으로 임직원 성별과 인종 등을 고려한다. 둘째로 콘텐츠의 독립성과 잠재적 편견의 투명성, 사생활 보호와 위해성 등을, 셋째로 지적 재산 보호 및 미디어 불법 복제를, 넷째로 하드웨어 인프라의 환경 발자국을, 다섯째로 데이터 개인정보 보호, 광고 표준 및 표현의 자유, 데이터 보안 등이다.

글로벌에서도 객관적인 지표의 중요성은 부각되고 있다. 국제회계기준IFRS 재단은 국제적으로 인정되는 단일의 지속가능성 공시 기준을 제정하기 위하여 2021년 11월 국제지속가능기준위원회ISSB, International Sustainability Standards Board 설립을 발표했다. IFRS는 2022년 6월까지 기존 지속가능성 기준 제정 기구인 기후공시기준위원회Climate Disclosure Standards Board와 가치보고재단VRF, Value Reporting Foundation을 ISSB에 통합할 예정이다. VRF는 대표적인 산업별 지속가능성 보고 표준인 SASB와 국제통합보고위원회International Integrated Reporting Council가 합쳐진 기구다. 이로써 지속가능성 공시 기준의 국제 표준화가 본격적으로 진행될 예정이며, 2022년 2분기 ESG 공시 기준 초본을 내놓고 공시 기준은 하반기에 확정할 전망이다. IFRS 재단이 지속가능성 공시 기준을 만드는 활동에 대해 국제증권감독기구IOSCO, 세계경제포럼WEF, 금융안정위원회FSB, 주요 20개국G20 정상회의 등은 지지를 하고 있지만, '영향 중요성'을 보는 GRI와 '재무적 중요성'을 보는 IFRS의 지향 방향이 달라서 글로벌 지표가 단일화되기는 힘들 것 같다는 의견도 있다.

하지만 전반적으로 글로벌 추이를 봤을 때, 공신력이 있는 주요 기구들이 대거 참여해 글로벌 대표성 있는 기준이 마련되고, 장기적으로는 재무 정보와의 연계되며, 통합 보고 체계로 확장될 가능성도 있다.

ESG를 교육 및 인사평가에 적용하라

영화 〈삼진그룹 영어토익반〉에서는 1990년대에 고졸 사원들이 직급도 없이 당연한 듯이 아침 커피를 타고, 회의 시 의사발언권도 자유롭게 갖지 못하고, 내부 고발을 한 직원의 자리를 빼서 벽을 보고 근무하게 하는 등 보란 듯이 불이익을 주는 장면들이 나온다. 요즘 이런 일이 생기면 바로 직장인 익명 커뮤니티나 구인·구직 사이트에 기업 평판 댓글로 올라올 판이다. 이처럼 사회적 분위기도 중요하다. 여직원이 아침 커피를 타는 것이 당연하다고 여기던 시절에는 그것을 개선하자고 제안하는 사람이 눈총을 받았다. 그래서 교육과 계몽이 필요하다.

어느 해 갑자기 '직장 내 괴롭힘 방지 교육'을 이수하라는 인사팀의 공지 메일을 받았다. 알고 보니 직장 내 괴롭힘을 금지하는 근로기준법이 2019년 7월부터 시행됨에 따라 고용노동부가 2019년 2월 '직장 내 괴롭힘 판단 및 예방·대응 매뉴얼'을 발표한 것이다. '직장 내 괴롭힘'은 사용자(고용 기업) 또는 근로자가 직장에서의 지위 또는 관계 등의 우위를 이용하여, 업무상 적정 범위를 넘어 다른 근로자에게 신체적·정신적 고통을 주거나 근무 환경을 악화시키는 행위를 뜻한다. 행위자에 대한 징계 등 조치가 이루어지려면 문제되는 행위가 ①직장에서의 지위 또는 관계 등의 우위를 이용할 것 ②업무상 적정 범위를 넘을 것 ③신체적·정신적 고통을 주거나 근무 환경을 악화시키는 행위일 것 등 세 가지 요소를 모두 충족시켜야 한다. 고용 기업은 예방 및 발생 시 조치에 관한 사항을 취업규칙에 필수 기재해야 하고, 해당 기업이 근로기준법상 취업규칙을 만들지 않으면 500만 원의 과태료가 부과된다.

'직장 내 괴롭힘'에는 의사와 상관없이 음주·흡연·회식 참여를 강요하는 경우, 사적 심부름 등 개인적인 일상생활과 관련된 일을 하도록 지속적·반복적으로 지시하는 경우, 정당한 이유 없이 업무와 관련된 중요한 정보 제공이나 의사결정 과정에서 배제시키는 경우 등 우리 주변에서 쉽게 일어날 수 있는 것들이 대부분이다. 따라서 고용 기업은 ESG 경영 기준에서 벗어나는 행위가 기업 내에서 발생하지 않도록 규칙 및 내부 규정을 만들고, 전 직원 의무 교육을 진행하고, 임직원들이 제대로 이해하고 인지할 수 있도록 모니터링(교육 이수율, 퀴즈 응답률, 패스 여부 확인 등)할 필요가 있다. 또한 사건이 발생했을 때는 사전에 마련해 놓은 규정에 따라 처벌하고, 해당 사례가 다시 발생하지 않도록 내부에 공유하여 주의시켜야 한다.

국제의결권 자문사 Institutional Shareholder Service가 미국, 캐나다, 유럽, 중동, 아프리카, 호주, 뉴질랜드 기업 6500개를 대상으로 조사한 결과, 경영진 보상계획에 ESG 지표를 반영하는 기업의 비중은 2018년 9.3%에서 2020년 말 기준 18.7%로 두 배 늘었다. 또한 글로벌 컨설팅사 윌리스 타워스 왓슨의 2020년 말 조사에 따르면 아시아·태평양 조사 대상 기업 중 78%의 기업이 향후 장기 인센티브 계획에 ESG를 반영하는 프로그램을 도입할 계획이다. 이처럼 ESG를 경영진 및 임직원 성과 평가에 반영하는 것은 전 세계적 추세다.

'직장 내 괴롭힘 방지'를 예시로 설명하긴 했으나 산업안전보건, 지적 재산 및 고객 정보 보호 등 ESG 경영과 관련된 법과 규정을 준수하기 위한 여러 인사 관련 장치들(교육, 인지도 향상 사내 캠페인, 퀴즈와 같은 이해도 확인, 문제 발생 시 사내 해결 절차 구축 등)을 마련하고, 경영진들이 단기 성과에만 집중하지 않고 ESG 경영에 보다 많은 관심과 노력을 기울일 수 있도록 KPI로 ESG 요소를 반영해야 한다. 사회^S 영역뿐만 아니라 환경^{E}이나 거버넌스^G 영역도 마찬가지다. 환경법규 및 윤리 경영 준수 등 기본적인 것들부터 체계를 잡고 점진적으로 목표치를 높이거나 관리 영역을 넓혀야 할 것이다.

SK그룹과 계열사에서 구체적인 KPI 반영 사례를 살펴볼 수 있다. SK텔레콤의 경우, '이사회 중심 경영'을 강조하며 최고 의사결정 기구로서 대표이사를 선임하고, 보상 규모의 적정성을 심의하며, 경영계획과 KPI를 승인 및 평가한다. 또한 SK그룹 전체 주요 계열사들의 사회적 가치 창출 성과를 수치로 산출해 공개하고 있으며, 계열사의 KPI에서 사회적 가치 창출의 비중을 50%까지 늘리기도 했다. SK이노베이션도 2021년 CEO 및 주요 임원의 KPI 성과 평가 내 ESG 비중을 최대 20%로 확대하는 목표를 추진 중이며, KPI 성과 평가 결과는 연봉 및 성과급 책정에 반영된다. ESG 경영을 실천하기 위해 이를 성과 평가 및 보상 체계로 연결해 놓은 것이다.

대내외 협업: 컬렉티브 임팩트와 가치 제안

ESG 경영은 기업 전체의 체질을 개선하는 것이기 때문에 기업 내부의 여러 부서와의 협업이 필수적이다. 또한, 기업을 둘러싼 다양한 이해관계자들과의 파트너십을 통해 기후 위기나 사회문제와 같은 범지구적인 문제를 함께 풀어야 한다. ESG 경영을 정

사회 혁신의 과정

출처: The process of Social Innovation / Murray, Caulier-Grice and Mulgan 2010

말 잘한다고 하는 기업은 자사의 지속가능경영을 넘어 '사회 혁신'까지 이뤄낸다. '혁신'은 묵은 풍속, 관습, 조직, 방법을 완전히 바꾸어서 새롭게 하는 것을 말한다. 즉 ESG 경영을 통해 환경E, 사회S에 대한 근본적인 문제를 파고들어가 사회의 관습, 조직, 방법을 바꾸어 놓는 것이다. 1996년부터 모든 면 제품을 유기농 면으로 대체한 파타고니아, 지속가능한 팜유를 위한 원탁회의RSPO, Roundtable on Sustainable Palm Oil를 설립한 유니레버처럼 말이다. 이들은 환경 피해를 줄이기 위해 조직과 방법을 바꾸고, 생태계 전체를 바꾸기 위해 노력한다.

이는 '사회 혁신의 과정The process of Social Innovation'에 따르면 여섯 단계로 진행된다고 한다.

① 촉발Prompts
해결되지 않는 사회적 문제나 충족되지 않는 사회적 욕구에 의해 촉발, 문제를 제기하고 진단하며 분석

② 제안Proposals
문제점들을 해결하기 위해 다양한 아이디어가 창출되고 제안

③ 파일럿 프로젝트Prototypes
반복적 실험과 시행착오, 갈등 해소 과정을 거치면서 아이

디어들이 실천적으로 검증되고 사회적 동의 확보

④ 지속적인 유지 Sustaining
아이디어가 현실화되고 실천되면서 혁신이 본격화, 지속적인 재정적 뒷받침, 입법화나 제도화 등 검토 및 추진

⑤ 대규모 확대 Scaling
혁신이 규모화되고 확산되는 과정으로 다양한 협력주체들이 새로운 성공 모델을 일반화 및 확산

⑥ 제도적 변화 Systemic Change
사회 혁신의 궁극적인 목적인 시스템 차원의 변화가 일어나는 단계로 공공 혹은 민간, 제도나 법 차원에서 새로운 시스템적 변화가 완성

즉, 어떤 기업의 ESG나 CSR 활동이 사회적 혁신을 만들어 냈는지 판단하려면 '제도적 변화를 만들어 냈는가?'라고 자문해 볼 수 있다. 바꿔 말하면 계단 오르기, 일회용품 쓰지 않기로는 기후 위기에 대한 제도적 변화나 사회 혁신을 만들어 낼 수 없다.

그렇다면 제도적 혁신은 무엇일까? 실제로 CSR 담당자로서 '공교육 혁신'에 대한 경험을 한 적이 있다. P-TECH는 학력

중심의 사회에서 역량 중심의 사회로 변화시키기 위해 IBM이 정부, 교육계와 협력하여 만든 5년제 고교-전문대 통합 교육과정이다. 미국 브루클린이라는 빈민 지역에서 시작해 6년 교육과정을 3.5년 만에 조기 졸업하는 학생들이 생기고, 타 학교 대비 졸업률이나 학업 성취도가 4배 정도 높은 교육 성과를 확인한 뒤 미국 전역, 전 세계로 빠르게 확산되었다. 오바마 전 미국 대통령은 P-TECH 교육모델을 '중산층으로 가는 계층 사다리'라고 했을 만큼 저소득층 가정에서 중숙련자나 고숙련자로 성장하는 데 혁신적인 사례를 만들어냈다.

이만큼 대내외 관계자 및 관계 기관과 협업하며 공동의 목표를 달성하고 사회적 혁신을 만들어 내는 것은 쉽지 않은 일이다. 이 때문에 컬렉티브 임팩트 Collective Impact가 중요하다. 컬렉티브 임팩트는 다양한 이해관계자가 공동의 어젠다 아래 상호 협력하며 사회 문제를 해결하고 성과를 만들어 내는 것을 뜻한다. 2011년 마크 크레이머가 쓴 '컬렉티브 임팩트' 아티클의 다섯 가지 성공 조건은 다음과 같다.

- 공동 어젠다에 맞춘 구조적인 프로세스에 따라 프로젝트를 진행할 것
- 사전에 합의된 기준에 따라 임팩트를 측정·관리할 것
- 모든 이해관계자가 지속적인 커뮤니케이션을 할 것
- 모든 이해관계자가 상호 보완적으로 액티비티를 강화할 것

- 풀타임으로 온전히 기여할 수 있는 중추조직Backbone Organization을 갖출 것

    P-TECH를 우리나라에서 처음 추진할 당시 꽤 두꺼운 가이드 매뉴얼을 받았다. 그 안에는 미국에서 혁신적인 교육모델로 성장시키기 위한 필수적인 조건들이 세부적으로 담겨 있었다. 국가마다 교육 정책이나 모델이 다르기 때문에 그 특성을 반영하여 유연하게 진행하는 부분도 있지만, 프로그램을 성공적으로 수행하기 위해 바꿀 수 없는 '원칙'이 존재한 것이다. 그 원칙을 공동의 목적에 맞게 구조적인 프로세스로 정리하고 확산하는 것이 중요하다.

    P-TECH의 경우, 다양한 임팩트 측정 기준이 있었다. '취업률'과 같이 측정 기준이나 목표가 단일화되면 교육의 퀄리티는 고려하지 않은 채 정량적인 목표만을 채우는 데 치중하게 되기 때문이다. 고등학생들의 학업 성취도, 대학 졸업률, 취약계층과 여학생 비율, 취업률 등 다양한 지표로 관리를 했다. 교육부, 고등학교, 전문대, 산업계 파트너 등 관련된 이해관계자가 많았고, 분기별 정기 회의를 통해 현황 공유 및 개선사항, 제언사항 등을 논의했다. 물론 설립 전, 초기에는 사안이 있을 때마다 수시로 소통하며 학생 중심의 의사결정을 했다. 처음에는 산업계와 교육계 간의 언어가 달라 소통이 쉽지 않았지만, 같은 비전이 있다는 것에 합의가 된 후로는 상호 매우 협조적으로 협력

할 수 있었다. 고등학교-전문대-기업 간 긴밀한 협업을 위해서 P-TECH 전담 담당자도 뽑고, 정기 회의에는 의사결정자를 포함한 중추조직이 함께 참여했다. P-TECH가 전 세계로 확산되는 교육 혁신 모델로 자리 잡기까지 '컬렉티브 임팩트'의 다섯 가지 성공조건이 모두 적용된 것이다.

성공적인 협업을 위해서 또 한 가지 강조하고 싶은 부분은 '가치 제안Value Proposition'이다. 하나의 프로젝트를 추진하기 위해서는 최소 3건의 제안서를 쓰는 것을 추천한다. 정부 기관 등 외부 협업 제안서, 내부 예산 승인과 프로젝트 추진을 위한 제안서, 그리고 유관 부서의 리소스(기술 및 전문 인력) 지원 요청을 위한 제안서다. 각각의 제안서에서 강조해야 하는 메시지와 포인트가 다르기 때문이다.

정부 기관용 제안서는 프로젝트를 통해서 정부의 과제나 어젠다(환경 혹은 사회 문제) 해결에 어떤 도움이 되는지를 작성해야 한다. 내부 예산 승인 제안서에는 예상되는 프로젝트 범위와 시기, 투입 인력, 해당 기업이 얻을 수 있는 기대효과가 명시되어 있어야 한다. 특히 기대효과에서는 비즈니스에 직간접적으로 미칠 수 있는 영향을 최대한 구체적으로 작성하여야 한다. 해당 건을 진행하지 않았을 경우 비즈니스에 미칠 수 있는 리스크나 부정적인 결과, 반대로 진행했을 경우 비즈니스에 미칠 수 있는 긍정적인 결과는 필수다.

마지막으로 유관 부서의 리소스 지원 요청을 위한 제안서는 해당 프로젝트가 리소스를 지원하는 부서에도 어떤 부분이 윈윈할 수 있는 효과가 있는지 설명해야 한다. 협업하는 팀이 '도와주는 것'이 아니라 '함께하는 것'이라는 인식을 확실하게 할 수 있도록 만들어 주는 것이 중요하다. 예를 들면, 프로젝트를 통해 신규 서비스나 제품에 대한 인지도를 높일 수 있다거나, 해당 부서의 ESG 경영의 리스크를 줄이기 위해 필수적으로 수행해야 하는, 구체적으로 프로젝트 이후의 'To-be 모델(개선안)'을 그려줘야 한다.

사전 자료 조사를 통해 해당 기관이나 부서가 많이 쓰는 용어, 당면과제 등을 파악하면 제안서를 쓰는 데 도움이 된다. 메시지가 명확하게 정리가 된다면 오히려 분량은 중요하지 않다. 소통과 협업의 핵심은 '상대방이 듣고 싶은 이야기를 그들의 언어로 해 주는 것'이다.

디자인 싱킹을 통한 기민한 실행과 반복

이미 1장에서부터 ESG 경영에서의 측정과 평가의 중요성은 익히 강조한 바 있다. 이번에 강조하고 싶은 부분은 반복^{Iterate}이다.

측정과 평가와 관련된 대표적인 실패 사례가 있다. 라운드어바웃 아웃도어즈라는 회사에서는 아프리카의 물이 부족한 지역에서 아이들이 놀면서 자연스럽게 물을 얻을 수 있는 방법에 착안하여 지하수를 끌어올릴 수 있는 회전 놀이기구 '플레이 펌프'를 사업화했다. 기부 캠페인을 통해 후원금이 약 1640만 달러(약 195억 원)까지 모금되어 아프리카 10여 개국에 1000여 개의 플레이 펌프가 설치되었지만, 수동 펌프보다 힘도 더 들고, 비용도 비싸서 결국 방치되거나 철거되었다.

왜 이런 사례가 발생한 것일까? 아마 플레이 펌프에서 아이들이 노는 모습을 기간을 두고 관찰하며 사용자 입장에서 고민하지 않은 것이 아닐까. 평소 플레이 펌프에서 노는 시간이 얼마나 되는지, 아이들이 플레이 펌프 돌리는 것을 힘들어 하진 않는지 지켜보는 것 말이다. 플레이 펌프를 설치하기 전에 펌프 설치 장소의 적합성과 그곳의 물의 품질에 대해 적절한 조사를 해야 하고, 설치 후 고장이 났을 경우 수리는 어떻게 하는지 유지·보수에 대한 계획도 수립해야 한다. 그런데 이러한 설치와 운영이 원활하게 진행되지 않았고 결국 조용히 사업을 접고, 사람들은 다시 수동 펌프를 쓰게 되었다. 사용자 입장에서 충분히 공감-문제 정의-아이디어-프로토타입-테스트를 해봤다면 최악의 실패 사례로 남지 않고 그 엄청난 자금을 꼭 필요한 곳에 썼을지도 모른다. 아니면 빠르게 다른 유효한 프로그램으로 변경을 했을 수도 있다.

그래서 ESG 경영을 위해 새롭게 추진하고자 하는 프로젝트가 있을 경우 디자인 싱킹^{Design Thinking} 방법론을 제대로 적용해 보는 것이 의미가 있다. 사업의 대상자나 타깃의 입장에서 고민하고, 근본적인 문제점을 찾아내고, 다양한 아이디어를 내서 빠르게 파일럿 프로젝트를 현장에서 돌려보고, 결과에 따라 확장할지, 수정·보완·취소할지 등에 대한 의사결정을 할 수 있다.

디자인 싱킹 방법론에서는 다음 다섯 가지 단계를 강조한다.

- 공감(Empathize): 관찰, 인터뷰, 체험을 통해 해결해야 할 문제가 무엇인지 사용자 입장에서 고민
- 문제 정의(Define): 어떤 것이 문제인지 명확하게 정의하기 위한 관점으로 디자인
- 아이디어(Ideate): 정의된 문제에 대해 가능한 한 많은 대안을 제시
- 프로토타입(Prototype): 아이디어 중 실현 가능한 것을 골라 시안이나 시제품을 제작
- 테스트(Test): 생산된 시안이나 시제품을 현장에 적용

여기서 가장 중요한 것은 다섯 단계 이후 '반복: 테스트가 실패할 경우 프로토타입과 해결책을 재조정, 필요 시 전 단계로 회귀'라고 생각한다. 특히 ESG 경영의 경우, 장기적이고 복잡한 이해관계자가 얽혀 있어서 사전에 계획한 대로 목표를 달성하기가 쉽지 않다. 그렇기 때문에 신중하게 계획을 하고 의사결정을 하는 것도 중요하지만, 처음부터 규모를 크게 실행하기보다는 작게 테스트를 해보고 시장의 반응이나 현장에서 잘 작동

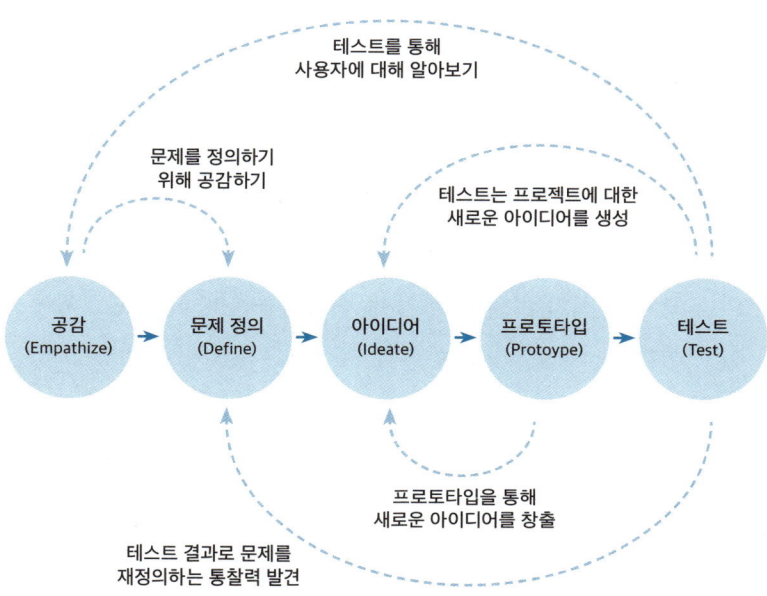

출처: The design thinking process for better UX design
(www.justinmind.com/blog/design-thinking-process-ux-design)

하는지를 점검한 후에 규모를 키울 것인지, 아니면 방향을 선회할 것인지를 정하는 것도 필요하다. 이는 실패를 빠르게 경험하고, 더 많은 자원을 낭비하지 않고 신속하게 시장에서 요구하는 것들을 추진할 수 있다는 장점이 있다.

ESG 경영 전 과정에 걸쳐 이해관계자의 우선순위도 계속 높아지고, 전략적 협업이 필수이기 때문에 보상 체계에 이해관계자의 측정 기준을 포함시키는 것도 좋다. 각 조직의 산업 환경, 비즈니스 모델, 기업문화 등을 고려하여 이해관계자들의 니즈를 파악하고, 측정과 평가 그리고 반복 과정에 그들의 목소리를 반영할 수 있도록 설계하는 것이다. 예를 들면, 고객 만족도 조사나 공급자 설문 등 그들의 피드백이나 평가가 보상 체계의 결과와 연결되도록 한다. 물론 보상 체계와 연결하려면 민감해질 수 있기 때문에 이해관계자마다의 우선순위, 가중치, 피드백이나 평가의 시기, 소통방법 등에 대해서는 신중하게 결정해야 할 것이다.

How to ESG

How to ESG
우리 조직의 ESG 이슈와 이해관계자는 어떻게 연결되는가?

1. 내외부 환경을 고려해 우리 조직과 관련 있는 ESG 이슈 및 키워드를 정리해보자.

    ① 환경 E

    ② 사회 S

    ③ 거버넌스 G

2. 이해관계자별로 관련 있는 이슈 및 키워드를 정리해보자.

    ① 임직원

    ② 고객

③ 협력회사

④ 지역사회

⑤ 정부

⑥ 주주

3. 시급하고 관리가 용이한 이슈를 선정한 후, 관련 있는 이해관계자를 체크해보자.

핵심 ESG 이슈	임직원	고객	협력회사	지역사회	정부	주주

현장의

4장

맥을 짚는
ESG 인사이트

ESG가 앞으로 어떻게 될지 궁금해하는 사람들이 점점 늘고 있다. 단순히 그 향방이 궁금하기도 하지만, **ESG**에 관련된 주식을 포트폴리오에 담아도 될지, **ESG** 관련 커리어를 준비하는 것이 괜찮을지, 사업장에서 **ESG** 대응을 해야 할지, **ESG** 관련한 비즈니스 기회는 무엇일지 등 목적이 있는 경우가 많다.

결론부터 이야기하자면 지구의 문제가 근본적으로 해결되지 않는 한 다양한 규제와 법, 자본의 움직임을 바탕으로 지구와 기업의 지속가능성Sustainability을 지키기 위한 움직임은 앞으로도 쭉 계속될 것이다.

거스를 수 없는
거대한 패러다임, ESG

예전 학생들의 STEM(과학, 기술, 공학 및 수학 융합교육)에 대한 인지도를 높이기 위해 중학생 대상으로 '스마트 과학캠프'를 진행한 적이 있었다. IT 기술로 우리 주변의 문제를 해결하거나 더 나은 세상을 만들 수 있는 아이디어를 내고, 프로토타입까지 만들어서 발표를 하는 자리를 만들었다. 여기에서 한 학생이 사람들이 쓰레기를 버리려고 하면 나타나는 '움직이는 쓰레기통'에 대한 아이디어를 냈다. 흥미로운 아이디어였다. 그런데 더 인상적이었던 것은 발표 이후 다른 친구의 질문이었다.

'그럼 그 쓰레기통이 움직이다가 사람을 치면 누구 책임인가요?'

생각지 못한 질문과 이에 대한 답을 적극적으로 찾는 모습을 보면서 다음 캠프부터는 토론하는 시간을 최대한 늘려야겠다는 생각이 들었다. 해외에서도 이와 비슷한 질문이 나온 경우가 있다.

> 시골 마을에 공장이 있는데, 마을 사람들이 모두 여기서 일하고 있다. 그런데 공장 폐기물로 호수는 오염되고 생명체들은 죽어간다. 공장 문을 닫는다면 마을 사람들이 실업자가 된다. 어떻게 해야 할까?

이 질문은 일론 머스크 테슬라 CEO의 자녀가 다니는 사립학교, '애드 아스트라^{Ad Astra}'에서 윤리 문제를 소크라테스식 문답으로 교육하는 과정에서 나온 것이다. 정답이 없는 세상의 문제를 풀기 위해 우리는 많은 이야기를 나누고 함께 고민해야 한다. 기술은 빠른 속도로 발전하고 환경은 더 빠른 속도로 망가지고 있다. 그런데 윤리, 법, 제도, 규제, 인권, 거버넌스는 한참 뒤에서 쫓아가고 있는 실정이다. AI, 메타버스, NFT, Web3(지능화되고 개인화된 맞춤형 탈중앙화된 웹), 프로토콜 경제(탈중앙화를 통해 여러 경제 주체를 연결하는 새로운 형태의 경제모델) 등 우리 앞에 완전히 새로운 세상이 펼쳐지고 있다. 지구와 기업의 지속가능성을 위해서 무엇을 함께 고민해야 하는지 지금부터라도 준비해야 하는 이유다.

그렇기에 앞으로도 지속될 ESG가 향후 어떻게 전개될지 전망하는 것이 중요하다. 이것이 현재의 '나' 혹은 '기업'이 무엇에 집중하고, 무엇을 해야 할지 막강한 영향을 미치기 때문이다. 글로벌 자금이 ESG 태그를 달고 몰린다면 ESG 관련 주식이든 ETF(Exchange Traded Fund, 상장지수펀드)든 담아야 할 것이고, 투자자들은 기후 기술이나 Web3의 거버넌스에 관련된 스타트업에 투자를 해야 할 것이다. 학생이라면 ESG 인기로 다양하고 구체화된 ESG 관련 커리어가 어떤 것들이 있고 무엇을 준비해야 하는지 내다봐야 할 것이며, 취준생이라면 ESG 현직자와의 만남을 통해 현업에서 무슨 일을 하는지 구체적으로 살펴봐야 할 것이다.

스타트업은 ESG 경영이 투자, 거래, 규제로 거스를 수 없는 흐름이라는 것을 명확히 인지하고 창업 후 조직문화부터 잘 설계하기 위해 노력해야 할 것이다. ESG와 관련한 비즈니스 기회는 교육, 컨설팅, 인증, 평가, 플랫폼·데이터 사업, 지속가능경영 보고서 작성, ESG 수행 대행사 등 다양한 형태로 확장될 것이나 ESG의 역사와 배경, 가치가 제대로 정립되도록 다 같이 노력해야 시장이 혼탁해지지 않을 것이다.

마지막으로 비영리기관이나 사회적 경제조직에서도 기업의 속도에 맞게 혹은 그것보다 앞서서 ESG를 공부하고 산업 전반의 협력을 모색하거나 경영전략에 새로운 방향을 제시할 수 있는 수준으로 올라서기 위해 노력해야 할 것이다.

마이클 샌델 VS 마이클 포터

2014년 12월 초, '자본주의의 문제점을 치유할 대안은 무엇인가'라는 주제로 자본주의의 위기를 진단하고 사회적 문제를 해결할 대안을 모색하기 위해 하버드대의 종신교수이자 세계적인 석학 두 분이 한국을 찾았다. '경영학의 구루'로 꼽히는 마이클 포터 미국 하버드대 교수와 '정치철학의 제왕'으로 불리는 같은 대학의 마이클 샌델 교수였다. 두 사람은 당시 글로벌 지식 강연 TED에서 자본주의와 기업의 역할에 대해 미묘하게 상반된 견해를 피력하여 화제가 되었다.

포터 교수는 기업이 사회적 문제를 적극적으로 해결할 수 있다고 강조하면서, 기업이 본원적 활동을 통해 사회적 가치를 실현하면 자본주의의 문제점을 치유할 수 있다고 주장했다. 반면 샌델 교수는 현재의 사회를 인간관계, 건강, 교육, 정치, 법 등 '거의 모든 것'을 돈으로 거래할 수 있는 '시장사회'라고 규정하고 "돈의 거래 대상으로 바뀌어서는 안 되는 가치를 테두리 쳐 시장사회의 폐해를 줄여야 한다"고 주장했다. 이에 대해 포터 교수는 "기업의 이익과 사회적 문제 해결은 상충관계가 아니다"라며 "시장과 사회를 가르는 경계를 허물어야 한다"고 맞받아쳤다.

포터: 샌델 교수는 공공의 영역과 시장을 분리하려는 실수를 했어요. 민간 시장과 공공의 영역은 양립할 수 있습니다.

샌델: 저는 시장경제 자체를 부정하는 게 아닙니다. 돈 주고 못 사는 게 거의 없는 세상에서 시장의 역할을 제대로 되찾자는 것입니다.

ESG 역시 자본주의와 주주 이익 극대화를 목적으로 하는 기업에 대한 대안으로 제시된 경영 패러다임이니만큼 우리나라에서도 이와 같은 건강하고 발전적인 토론이 보다 적극적으로 이루어져야 한다. 하지만 현실은 서로 'ESG 전문가'임을 주장하며 패스트 팔로워가 되기에 바쁜 것 같다. 유럽이나 미국발 ESG 소식을 빠르게 옮기고, 지표를 강조하며 입시학원처럼 평가를 잘 받기 위한 지침들만을 알려주기에 급급하다. 미디어, 법무법인, 회계법인, 협회 등 다양한 조직이 ESG를 비즈니스 기회로 '실드 치기'에 분주하다. 지금은 시장 나눠먹기보다 시장에 ESG가 올바르게 안착하고 시장 변화 속도에 맞춰 건강하고 오래갈 수 있는 기업과 이해관계자 간 상생구조를 만들어야 할 때다.

최근 한 기업에서 ESG 조직 헤드를 뽑는 포지션에 대한 채용 공지가 올라왔다. 공고를 보니 해당 기업은 ESG 평가에서 낮은 등급을 받아, ESG 조직을 새로 꾸리고 등급을 높이는 데 채용 목적을 두고 있는 듯하다.

> 주요 업무
> —ESG 전략 수립 및 관리
> —ESG 평가 대응(MSCI, DJSI, KCGS, CDP 등) 및 대내외 커뮤니케이션
> —글로벌 ESG 기준/동향 수시 분석, 파악
> —ESG 성과 정리, 보고 및 개선

물론 대부분의 기업들이 한정된 자원으로 ESG 성과를 만들기 위해서는 '평가'를 잘 받기 위한 '우선순위'에 중점을 둘 수밖에 없음을 인정한다. 하지만 기업이 비즈니스 터를 두고 있는 환경이나 사회 문제에 대해선 큰 관심 없이 평가를 위한 최소한의 노력만을 기울인다면 비즈니스에서의 가장 중요한 '시장Market' 자체를 잃을 수도 있다는 부분을 기억했으면 한다.

자본주의가 변하고 있다

ESG 경영을 시작하기 위해서는 먼저 우리 기업을 둘러싼 이해관계자가 누구이고, 어떤 영향을 얼마나 미치는지, 이들과 어떻게 협업하거나 대응할지 등을 살펴봐야 한다고 이야기했다. 뉴스만 봐도 주주, 고객, 임직원, 정부, 협력사, 비영리기관 등 기업을 둘러싼 다양한 이해관계자들이 기업에 어떤 영향을 미치고 있는지 쉽게 이해할 수 있다. 이번에는 앞서 많이 다루었던 고객, 임직원, 정부와 규제기관을 제외한 나머지 이해관계자의 변화에 대해 살펴보겠다.

첫째, 주주들은 기업의 의사결정에 적극적으로 영향력을 행사하여 자신들의 이익을 추구하는 행위인 '주주행동주의'를 보이고 있다. 두 가지 대표적인 사례가 있다. 엑손모빌 주주총회에서 탈화석연료 가속화를 주장하는 행동주의 펀드, 엔진넘버원에 이사 자리 3석을 내준 것이다. 엔진넘버원의 지분은 0.02%로 실제 영향력이 크진 않았다. 그럼에도 기업의 의사결정에 큰 영향을 미치는 이사 자리를 엔진넘버원에 내주고, 재생가능에너지 사업 전환에 속도를 붙일 수 있게 된 것이다. 물론 배경에는 엑손모빌 최대 주주 블랙록과 미국 3대 연기금이 엔진넘버원에 대한 지지 선언을 해 준 것도 있다.

또한 세계 2위 광산 업체 리오 틴토는 2020년 5월 철광석 광산 확장을 위해 호주 서부의 4만 6000년 된 원주민 유적지를 파괴했는데, 결국 같은 해 9월 투자자의 요구에 따라 유적지 파괴를 감행한 CEO가 경질됐다. 이와 같은 '주주행동주의'가 더 중요해진 이유는 국민연금을 포함한 '유니버설 오너(Universal Owner, 한 나라의 전체 업종의 주식을 보유한 거대한 기관투자가)'들이 ESG를 선언하면서 '골라담기'가 아닌 '담고 변화시키기'로 기업의 변화를 촉구하게 된 영향도 크다. 또한, 이들 유니버설 오너는 장기적으로 높은 수익을 올리기 위해 개별 기업뿐 아니라 경제 자체의 성장 패턴에 관심을 갖기 때문에 이해관계자 모두에게 신경 쓰는 자본주의로의 변화를 고려해 투자하는 것이다.

둘째, 협력사의 변화다. 여기서 '협력사'라고 함은 여러 가지 의미가 있다. 일반적으로는 애플 '협력업체 행동 수칙'에서 다루고 있는 것처럼 특정한 사업 목적을 달성하기 위해 거래 및 계약관계에 있는 소위 '갑을관계'나 '용역업체(물질적 재화의 형태를 취하지 않고 생산과 소비에 필요한 노무를 제공하는 일)' 등을 말한다. 그런데 최근 기업이 필요로 하는 기술과 아이디어를 외부에서 조달하는 한편 내부 자원을 외부와 공유하여 새로운 제품이나 서비스를 만들어내는 오픈 이노베이션Open Innovation이 혁신적인 방법론으로 부상하면서 ESG 경영과 관련해서도 다양한 협력모델이 나오고 있다. 예를 들어 롯데지주는 폐페트병 회수와 재활용 인프라 도입을 위한 상생협력기금 9억 원을 자원 순환 스타트업 수퍼빈에 지원했다. 수퍼빈은 이 기금으로 페트병 회수 로봇의 개발과 보급, 수거한 페트병의 원료화 작업을 담당

한다. 페트병 회수는 롯데마트와 세븐일레븐이 맡고, 롯데케미칼에서 페트병을 재활용하여 친환경 제품을 생산한다. 실제로 플라스틱 자원 선순환 프로젝트 '프로젝트 루프Project LOOP'를 통해 제작된 운동화가 신동빈 회장의 소셜 미디어에 공개되어 화제가 되기도 했다. 롯데지주와 계열사, 스타트업이 손을 잡고 순환경제를 만들어 낸 것이다.

또 다른 사례는 휴대용 수력발전기를 판매하는 소셜 벤처 '이노마드'다. 이노마드는 지속가능한 친환경에너지에 전문성이 있는 터라 대기업의 넷제로 컨설팅을 하고, 대기업의 사회 공헌 차원으로 개발도상국에 제품을 기부하고 탄소 배출 저감 성과를 대기업의 탄소배출권과 연계해 활용할 수 있도록 지원한다.

이처럼 협력사의 위상이 달라지고 있다. 과거 '상생경영'이라는 명목 하에 대기업이 자금을 뿌려주던 방식에서 벗어나 기술 협력, 투자, 환경E이나 사회S 분야에 대한 자문과 컨설팅 등으로 대기업과 어깨를 나란히 하며 혁신적인 기술력과 환경E이나 사회S 분야에 대한 전문성을 토대로 동등한 파트너십을 형성하고 전략적 시너지를 낼 수 있게 된 것이다.

셋째, 비영리기관의 위상 변화다. 2021년 5월 말, 세계 최대 정유기업 로열더치셸에 2030년까지 탄소 배출을 2019년 대비 45% 감축하라는 네덜란드 헤이그 법원의 명령이 떨어졌다. '2035년까지 탄소 배출을 30% 감축하겠다'며 안일한 계획을 내놨던 회사 측은 법원 판결에 따라 대폭적인 목표 수정이 불가피해졌다. 회사 공식 자료에 따르면 로열더치셸은 2018년 기준 매출액만 3884억 달러(약 434조 6972억 원)에 달한다. 이러한 거대 기업을 상대로 '지구의 친구들Friends of the Earth' '그린피스' 등 7개 국제 환경단체가 네덜란드 시민 1만 7200명을 모아 제소해 엄청난 변화를 만든 것이다. '지구의 친구들' 네덜란드 지부에서는 "이번 승소는 역사적인 전환점이다. 법원이 거대 기업을 상대로 파리기후협정을 준수하도록 명령한 것은 이번이 처음이다"라고 의미를 강조했다.

또한 애플이 아동 착취 음란물CSAM 근절을 위해 아이클라우드iCloud에 시험 도입한 자동 탐지시스템이 감시 등에 악용될 수 있다며 전 세계 90여 개가 넘는 비영리기구가 해당 시스템의 도입 철회를 요구한 경우도 있다. 애플의 모니터링 시스템을 악용해 백도어가 만들어질 수도 있고, 각국 정부는 이를 이용해 성 착취물 포착이 아닌 다른 목적으로 콘텐츠를 검열할 가능성이 있다는 것이다. 또 눈여겨볼 만한 사례로 기업의 상품 공급과정을 감시하는 국제 비영리기구인 '노우더체인Know The Chain'이 있다. 이 기관은 세계 의류업체 64곳이 공급망에서 발생할 수 있는 인권 침해 위협에 어떻게 대처하는지를 평가해 발표했다. 유니클로 운영사인 패스트리테일링은 2021년 초 유니클로 셔츠에 신장 위구르 지역에서 강제 노동으로 생산된 '신장면'을 사용한 의혹으로 미국 샌프란시스코에서 수출 물량이 압수되기도 했다. 이처럼 국제적 비영리기관은 그들의 전문성을 기반으로 환경 오염, 공급망의 투명성, 조달방식, 인권 침해 등 기업이 환경과 사회에 미치는 악영향을 감시하고, 견제하는 역할을 수행한다. 우리나라에서는 기업이 기부금을 지원하고, 비영리기관이 기부금으로 기업이 원하는 사업을 수행하는 경우가 많다. 그러다 보니 기업에 대한 경제적 의존도가 상대적으로 높을 수밖에 없다. 하지만 ESG라는 거대한 모멘텀을 바탕으로 비영리기관의 위상이 높아질 수 있는 기회가 왔다.

《주주 자본주의의 배신》이라는 책에서 기업 지배구조 분야의 권위자이자 코넬대 로스쿨 교수를 역임한 린 스타우트는 '기업의 목적은 주주 가치 극대화'라는 주주 자본주의를 정면으로 반박하며, "주주가 기업을 소유한다는 생각, 주주가 기업의 이익에 대해 유일한 잔여 청구권(기업의 종업원, 사채권자, 사채형 우선주의 주주 등에게 약속된 금액을 지불하고 남은 현금흐름 및 자산에 대한 청구권으로서 주식회사의 경우 보통주주가 갖는 권리)을 가진다는 생각, 주주가 주인으로서 경영진을 대리인으로 둔다는 생각은 모두 잘못됐다. 이것은 개인 사업체나 빚 없이 한 사람이 지분 전체를 소유한 사업체에는 맞을지 모르지만 상장기업의 경제 구조를 제대로 설명하지는 못하기 때문이다. 기업의 성공과 목적을 주가나 그와 유사한 단 하나의 객관적 수치로 측정할 수 있고, 그래야 한다는 생각을 버려야만 현실을 제대로 이해하고 대안을 찾을 수 있다"고 강조한다. 직원부터 소비자까지, 이해관계자와의 동행을 모색해야 자본주의의 돌파구를 찾을 수 있다는 것이다.

사전적 정의로 '이해관계자 자본주의'는 주주에 대한 배려보다는 고객, 노조, 거래 기업, 채권자, 정부, 사회 일반에 이르기까지 이해관계자와의 공존공영을 경영 목표로 하는 것이라고 설명한다. 하지만 이것은 너무 고상한 표현이고, 좀 더 솔직하게 말하자면 앞서 이해관계자들의 중요성과 변화에 대해 이야기했던 것처럼 이제는 이해관계자를 고려하지 않은 경영을 하는 기업은 더 이상 살아남을 수 없다는 뜻이기도 하다. 이들이 바로 비즈니스를 위한 시장 그 자체이기 때문이다. 하버드 로스쿨 포럼의 '이해관계자 가치 창출 사슬: ESG 전략/측정 기준과 이해관계자 모델의 연결'에서 보여준 것처럼 모든 이해관계자들은 연결되어 있고, 유기적인 상관관계를 가진다. 그래서 ESG를 기업의 경영방식 중 하나라기보다는 좀 더 큰 '패러다임의 전환'으로 보고 미래를 준비해야 한다.

미래 기술과
ESG의 시너지 효과

ESG에 대해 알아갈수록 미래를 앞서 살고 있는 것 같다는 생각이 든다. 환경과 사회적 이슈가 기업에 미칠 영향 등을 미리 내다보고 준비해야 하는 지속가능경영이기 때문이다. 당장 눈앞에 닥친 기업의 생존과 이익 창출은 물론 중요하다. 하지만 세상이 어떻게 변하고 있는지, 그래서 기업은 무엇을 장기적으로 준비해야 하는지에 대한 가이드도 반드시 필요하다. 그런데 이렇게 미래를 앞서 살고 있는 분야가 또 있다. 바로 미래 기술이다. 세상은 너무나 빠르게 변하고 있고 기술의 발전이 일상의 변화로 이어지는 속도도 더 빨라지고 있다. 특히 ESG와 미래 기술은 우리의 미래 모습을 결정짓는 중요한 과제이자 동력이라는 공통점을 지닌다. 그렇기에 ESG와 미래 기술의 교집합을 보며 어떤 미래가 올지, 무엇을 준비해야 할지 살펴보겠다.

ESG와 기술의 발전은 두 가지 측면으로 살펴봐야 한다. 기술의 발전이 ESG 경영을 잘할 수 있도록 지원하는 측면과 기술의 발전에 따라 빠르게 변화하는 사회에 ESG를 어떻게 적용해야 할지에 대한 측면이다.

우리나라 교육에서 가장 아쉬운 부분은 새로운 기술이 나오면 그것을 '도구Tool'로만 받아들이는 경향이 크다는 것이다. 예를 들어 인공지능이나 메타버스가 트렌드라고 하면, 인공지능 그림 그리기 게임 '퀵드로우'나 메타버스 플랫폼 '제페토' 같은 것을 수업시간에 학생들과 경험해 보는 것이다. '인공지능 융합교육'이라는 타이틀을 달고 인공지능 기반 소프트웨어로 영어를 공부하는 경우도 본 적이 있다. 물론 아이들의 관심과 동기 유발을 위해서 이런 활동이 필요한 것은 사실이다. 하지만 여기서 더 나아가 학생들이 스스로 인공지능과 메타버스로 무엇을 할 수 있는지, 어떤 세상을 만들 수 있는지 상상해 보고 직접 프로젝트를 해 보는 기회는 찾아보기 어려웠다.

사회 변화와 ESG의 역할

ESG도 마찬가지라고 생각한다. ESG에 대한 관심이 쏠리자, ESG 데이터 플랫폼, ESG 현황을 한눈에 볼 수 있는 대시보드, 인공지능이 접목된 ESG 분석 및 평가 툴에 대한 니즈가 올라가고 정부와 기업들이 뛰어든다. 2021년 12월에만 대한상공회의소, 한국거래소KRX, 전국경제인연합회(전경련) 등 세 군데 이상에서 ESG 포털을 만들었다. ESG 정보를 한곳에서 볼 수 있도록 한다는 것이다. 또 다른 관심은 ESG를 사업 기회로 활용할 수 있는 경우에 쏠린다. 대표적으로 기후 테크Climate Tech를 들 수 있다. 최근 한국산업기술진흥원KIAT에서는 'ESG 시대 주목할 10대 유망 산업'을 발표했다.

- 전기·수소차 충전
- 그린 배터리
- 메타호스피털 Meta-Hospital
- DTC Direct to Customer 건강관리
- 스마트 물류로봇
- 몰입형 가상환경
- 인공지능(AI) 에듀테크
- 그린수소 플랫폼
- 탄소 포집 및 활용·저장 CCUS

• 바이오 플라스틱

하지만 안타깝게도 인공지능, 메타버스, Web3 등 기술의 발전으로 인한 사회 변화와 ESG의 역할에 관심을 두는 경우는 많지 않은 것 같다. 기술의 발전을 사회가 올바르게 따라잡기 위한 인식과 노력이 필요하다. 예를 들어 2021년 1분기 암호화폐 거래 투자자 3명 중 2명이 MZ세대라고 한다. MZ세대의 위험자산 투자 선호율과 조기 은퇴 희망률이 부모세대보다 배 이상 높은 영향 때문이다. 암호화폐거래소가 제한적으로 투자자 손해 보상 정책을 마련하고 있으나, '투기'가 아닌 '건전한 투자'로 자리 잡기 위한 노력이 필요하다. 더불어 개인정보 보호, 소셜 미디어상의 '헤이트 스피치(Hate speech, 차별을 조장하는 발언)' 등 사이버 폭력과 불법 자금 세탁, 정치인 광고 등에 대한 방지 대책이나 규제 마련도 필요하다. 메타버스도 소셜 미디어와 비슷한 성격을 갖고 있기 때문에 이런 문제가 발생할 가능성이 있다. 새로운 기술을 올바르게 활용하기 위한 인공지능 윤리와 Web3 시대에 맞는 거버넌스가 절실히 필요하다.

예전에 IBM의 글로벌 기업 봉사단의 일원으로 선발되어 모로코에서 한 달간 프로젝트를 진행한 적이 있다. 아시아, 아프리카, 동유럽 등 37개 개발도상국가의 경제, 환경, 교육 문제를 해결하기 위해 비영리단체와 함께 1000여 개의 팀프로젝트를 진행했는데, 50:1의 치열한 경쟁률을 뚫고 선발된 것이다.

파견 전까지 12주간 사전업무의 일환으로 비즈니스 컨설팅, 협업 및 커뮤니케이션 등 '기업 봉사 학습계획Corporate Services Learning Plan'의 16개 학습 모듈을 완료해야 한다. 이 중 가장 인상적이었던 것이 '문화 적응성Cultural Adaptability'이라는 교육 훈련이었다. 실제로 발생했던 다양한 상황에 대한 시나리오를 두고, 여러 국가의 직원들이 토론을 통해 결론을 도출하는 방식이었다. 예를 들어 '최종 보고회가 예정된 시간이 되었는데, 예상 참석자의 반 이상이 행사장에 도착하지 않았다. 어떻게 하면 좋을까?'와 같은 내용에 대해 자유롭게 토론한다. 정답이 없는 상황을 놓고, 여러 가지 의견이 쏟아졌다. '약속된 시간이 있고, 이미 도착한 참석자들이 있으니 예정대로 진행되어야 한다' '아직 참석자의 반 이상이 안 왔기 때문에 미리 도착한 참석자에게 양해를 구하고 시작 시간을 늦춘다' '그렇다면 시간은 얼마나 늦추는 것이 좋을까?' 등 때로는 서로 다른 국가마다의 문화에 바탕을 둔 시나리오에 대해 이야기를 나누기도 하고, 개인적인 성향이 반영된 시나리오에 대한 대화가 오가기도 한다. 중요한 것은 '결론'보다 '합의하는 과정'이다.

사회도 마찬가지다. '자율주행 자동차가 사람을 치면 누구의 잘못인가?' '로봇세, 인공지능세는 필요한가?' '메타버스상에서의 사기 행각은 무엇이고, 어떻게 처벌할 수 있나?' '메타버스상에서 윤리와 규범은 어떤 것이 필요한가?' 'NFT의 저작권과 소유권의 분리에 대한 법적·제도적 장치나 과세제도 등이 마련되어야 하는가?' 등 새로운 세상을 맞기 위해서는 그 세상에 맞는 수많은 논의와 합의가 필요하다. 이런 논의에 글로벌 기업도 앞장서고 있다. 메타버스 사업에 주력 중인 대표적인 빅테크 기업 '메타(구 페이스북)'가 윤리적인 메타버스 관련 외부 연구 활동을 위해 5000만 달러(약 592억 원) 규모의 기금을 2년간 조성한다고 한다. 기존 AI 사업에서 메타는 사용자 데이터 활용과 관련해 윤리 문제를 직접 겪은 바가 있고, 최근 우리나라에서는 메타가 얼굴 인식 AI 기술 개발을 위한 사용자 데이터 수집과정에서 충분한 이용자 동의를 받지 않았다고 판단해 과징금 약 66억 원을 부과한 바 있기 때문에 '메타버스 윤리'에 더욱 관심을 쏟고 있는 것이다. 서울대도 국내 대학 중 유일하게 메타의 윤리적인 메타버스 연구 기금 대상으로 선정되어 메타버스 환경에서의 안전, 윤리, 책임 있는 기술에 대한 연구를 담당한다고 한다.

　기업에서 자발적으로 이러한 연구를 진행한다는 것이 반가운 소식이긴 한데, 정부의 규제나 기업의 비즈니스와 연계된 연구 활동 이외에도 다양한 이해관계자를 포함한 시민사회에서 사회적인 논의와 합의가 더 활발하게 이루어져서 기술 발전의 속도만큼 사회도 함께 성숙하고 공존공영할 수 있는 체계를 만들었으면 하는 바람이다.

　그렇다면 인공지능, 메타버스, 블록체인 등 세 가지 대표적인 미래 기술이 ESG 경영을 잘할 수 있도록 어떻게 지원하고,

해당 기술의 발전에 따라 빠르게 변화하는 사회에 ESG는 어떻게 적용하면 좋을까?

인공지능, ESG를 더 똑똑하게 만들다

인공지능은 이미 우리 생활에 자연스럽게 자리 잡아 인공지능이라는 것을 인식하지 못할 정도로 활용되고 있다. 인공지능 목소리가 성우를 대신하고, 인공지능 알고리즘이 추천하는 콘텐츠와 이커머스 상품에 우리는 이미 익숙하다. 이러한 인공지능이 ESG와 시너지를 낼 수 있는 영역은 어떤 것이 있을까?

① 인공지능과 ESG 투자, 데이터 플랫폼

글로벌 금융정보회사 레피니티브(구 톰슨로이터)의 최근 연구 결과에 따르면, 전 세계 기관투자가의 98%가 기업 투자를 결정할 때 ESG 및 지속 가능성 데이터를 적극적으로 고려하고 있지만 83%는 효과적 평가에 대한 장애물로 '신뢰할 수 있는 데이터의 부족'을 꼽았다고 한다. ESG와 관련한 비재무적 지표나 데이터는 취합, 측정, 평가에 대한 역사가 오래되지 않았기 때문에 이런 영역에 대한 성장 가능성은 매우 높다. 우리나라 정부도 자가 진단 및 ESG 데이터 플랫폼을 만들겠다고 발표했고, 인공지능을 기반으로 ESG 평가를 하고 있는 평가기관들도 있다. 기업에서 공시한 지속가능경영 보고서, 외부 미디어 데이터, 소셜상의 기업 평판 등 기업과 관련된 다양한 데이터를 기반으로 기업의 ESG 경영 수준을 평가하고, 투자에 이를 반영하는 것이다. 여기에서 더 나아가 기업별 ESG 경영 관리를 위한 인공지능 활용도 가능하다. 전사적 리스크 관리Enterprise Risk Management 솔루션처럼 ESG 현황을 모니터링하고, 분석하여 향후 예상되는 잠재적 리스크가 발생하면 경고를 보내주는 것까지 구현할 수 있다. 지금도 대기업에서는 본사와 해외 지사, 협력사 간 ESG 데이터 취합과 관리가 이루어지고 있다. 이 영역은 글로벌에서 공신력 있는 지표의 통합이나 정리가 마무리되면 좀 더 안정적이고 체계적으로 발전할 수 있을 것으로 보인다.

② 인공지능 돌봄 서비스 등 사회적 가치 창출

SK텔레콤은 AI 스피커로 전국 지자체와 협력해 독거노인을 대상으로 '인공지능 돌봄 서비스'를 운영하고 있다. 치매 예방과 약 복용 방법까지 알려줄 뿐만 아니라 위급 상황을 인지할 경우 ICT 케어센터와 담당 케어매니저, ADT캡스에 자동으로 알려주고 이후 위급상황이라고 판단하면 즉시 119에 신고한다. SK텔레콤과 소방청 집계에 따르면 인공지능 돌봄 서비스가 시작된 2019년 4월부터 약 2년간 '긴급 SOS' 호출은 총 1978회에 달했으며, 그중 119 긴급 구조로 이어진 경우는 100회나 되었다고 한다. 또한, 수퍼빈의 '네프론'은 인공지능을 기반으로 스스로 자원화 여부를 판단하는 지능형 순환자원 회수로봇이다. 캔이나 페트병을 투입구에 넣으면 인공지능 센서가 자동으로 분류, 압착해 수거하는 방식이다. 이처럼 환경^E, 사회^S 분야에 있어 인공지능은 사회적 가치를 창출하는 데 적극적으로 활용되고 있다.

③ 인공지능과 환경, 탄소 배출

빌 게이츠가 투자한 스타트업, 미국의 청정에너지 업체 '헬리오젠'은 인공지능을 이용해 1000도 이상의 온도를 생성하는 태양광 발전 시스템을 개발했다. 1000도의 온도가 주목받는 이유는 그 온도가 되어야 시멘트, 철강, 유리 등을 포함한 다양한 산업 자재 제조 공정에 사용될 수 있고, 산업 공정에서 온실가스 배출이 발생하는 연료를 처음으로 태양에너지로 대체할 수 있기 때문이다. 2021년 중순에는 헬리오젠이 미국 연료전지 주기기 제조사인 블룸에너지와 손을 잡고 그린수소 생산을 위해 협력한다고 발표했다. 그린수소는 태양광이나 풍력 등 재생에너지로 생산한 친환경 수소를 말하며 탄소 배출이 없는 미래형 에너지 기술로 평가받는다. 인공지능으로 거울의 방향을 조정해 태양광에서 전력을 만들어내는 기술을 보유한 헬리오젠은 현재 기업 가치가 약 20억 달러(약 2조 3000억 원)로 추정된다. 동시에 환경문제도 개선하고 수확량도 늘려야 하는 '지속가능한 농업'이 주목을 받고 있는데, 이 분야에 맞는 AG Tech(농업 정보 기술, 농업Agriculture과 디지털 기술Digital Technology의 합성어)도 함께 부상하고 있다. 가축의 건강 체크를 위해 인공지능 기술을 접목하는 '커넥테라Connecterra'와 식물의 건강·생리·스트레스 반응 데이터 등을 취합, 관리할 수 있는 농업 데이터 로봇을 만드는 '어스센스EarthSense' 등이 있다. 이처럼 기후 위기 해결을 위한 인공지능 기술 접목은 앞으로도 투자나 비즈니스 기회 측면에서 크게 성장할 것이다.

④ 인공지능과 거버넌스

세계의 인공지능 거버넌스 시장 규모는 연평균 성장률 65.5%를 기록하며, 2020년 5000만 달러에서 2026년에는 10억 1600만 달러 규모로 성장할 것으로 예측된다고 한다.* 인공지능에 대한 신뢰 추구의 필요성 증가, 인공지능에 의한 의사결정의 투명성에 대한 요구 증가, 기술 관련 규제 컴플라이언스의 확대 등이 다양하게 시장 성장을 촉진하고 있다. 예를 들어 인공지능 챗봇을 개발한다고 했을 때, 해당 챗봇 서비스를 만들기 위해서 사람들의 다양한 커뮤니케이션 데이터를 토대로 학습시키고, 사용자들이 챗봇에게 말을 걸었을 때 적절한 답이 나올 수 있도록 기술을 고도화시키는 작업이 필요하다. 또한 인공

* 출처: AI Governance Market by Component, Deployment Mode, Organization Size and Region - Global Forecast to 2026

지능 챗봇이 신뢰할 만한 데이터에 근거해서 답해야 할 것이고, 투명한 의사결정 과정을 통해 인공지능은 최적의 정보를 추천하여야 한다. 해당 과정에서 개인정보 보호나 정보 보안과 같은 컴플라이언스 이슈에 어긋나는 과정이 없도록 해야 한다. 이러한 인공지능 기술 고도화나 보안 시스템 강화 등에 예산이 몰려 시장이 성장하는 것이다. IT 시장분석 및 컨설팅 기관인 IDC에서는 2024년까지 아시아·태평양 지역의 기업들은 데이터의 윤리적 사용에 관한 KPI를 수립하는 기업의 45%가 준수 요건을 넘어서는 데이터 개인정보 보호 이니셔티브를 추진할 것으로 전망했다. 또한 2026년까지 A2000(아시아·태평양 지역 상위 2000개) 기업의 50%가 인공지능 서비스 투자 우선순위로 책임있는 AI 솔루션과 디지털 윤리를 고려할 것으로 내다봤다.

　물론 인공지능 기술을 위한 '거버넌스'도 요구되지만, 거버넌스를 위한 인공지능 도입 및 적용도 고려할 만한 부분이다. 거버넌스를 기업 내 투명한 의사결정 과정과 컴플라이언스로 봤을 때, 적용할 만한 포인트들이 있다. IBM 인공지능의 자연어 처리 기술을 기반으로 한 비정형 데이터 분석 플랫폼 IBM WCA^{Watson Content Analytics}를 활용해 경기도와 31개 시·군의 46만 건 민원 분석 프로젝트를 수행한 적이 있다. 시·군별 민원 접수 현황을 실시간으로 분석하여 결과를 대시보드로 한눈에 보여주고, 시기별 민원 특성을 기반으로 사전에 민원을 예측하고 대비하는 것까지 가능하도록 했다. 특정 이익집단의 중복 민원은 걸

러내고 민원을 건마다 처리하는데 그치는 것이 아니라 전체 민원에서의 심각도 등을 판단할 수 있어 우선순위 조정 및 자원의 우선 배분도 할 수 있다. 이와 같은 인공지능 기술이 기업의 거버넌스 체계에도 적용된다면 임직원과 투명하게 소통하고 기업 내 문화와 규정으로 반영하는 것이 가능해진다.

⑤ 인공지능을 위한 윤리 경영

이제 인공지능은 모든 산업계에 적용되었다. 채용 면접, 신용평가, 인사 고과 등 기업 안팎으로 활용될 뿐만 아니라 조직 운영, 인사 관리, 회계 및 재무 관리 등 다양한 업무 시스템과 경영 전반에도 접목되었다. 따라서 인공지능 알고리즘의 투명성과 공정성을 확보하는 것이 매우 중요하다. 이는 조직 경영의 핵심 과제이자 경쟁력이기도 하다.

이런 이유로 네이버, 카카오 등 인공지능 선도기업에서는 인공지능 윤리 경영을 강조하고 있다. 네이버는 2021년 초 '네이버 AI 윤리 준칙'을 내놓았다. 인공지능 개발 및 이용과정에서 인간 중심의 가치를 최우선으로 삼겠다는 것으로, 크게 아래의 5가지 조항을 담고 있다.

- 사람을 위한 AI 개발
- 다양성 존중
- 합리적인 설명과 편리성의 조화

- 안전을 고려한 서비스 설계
- 프라이버시 보호와 정보 보안

카카오도 전 직원을 대상으로 인공지능 알고리즘 윤리 교육을 실시한다. 카카오 직원들은 디지털 책임 구현 사례, 카카오의 알고리즘 윤리 헌장 등을 학습하면서 업무에서 AI 윤리를 어떻게 준수해야 할지 고민한다. 챗봇에서의 개인정보 침해와 성·장애인 비하 발언에 대한 감시도 철저히 해야 한다. 더 나아가 급격한 노동 환경의 변화, 그리고 그로 인해 생기는 실업의 공백을 막기 위한 대안으로 '인공지능세'도 생각해 볼 수 있다. 인공지능세는 인공지능을 사용해 인건비를 절감하는 기업으로부터 일정액의 세금을 거둬 직업을 잃은 노동자들을 위해 사용하자는 것이 취지다.

메타버스, ESG의 공간적 한계를 없애다

2021년 가장 핫했던 키워드가 바로 ESG와 메타버스가 아니었을까 싶다. 메타버스는 3차원 가상 세계로 가공과 추상을 의미하는 메타Meta와 현실세계를 의미하는 유니버스Universe의 합성어다. 온라인 게임, 소셜 미디어, 플랫폼 서비스, 온라인 지도 및 내비게이션 등 우리는 이미 일상에서 메타버스를 경험하고 있고, 앞으로 이런 메타버스는 영역이 더욱 확장되고 보편화될 것이다. Z세대들은 메타버스라는 것을 인지하지 않은 채 '로블록스' '모여봐요 동물의 숲'과 같은 메타버스 게임을 즐기며, 온라인상에서도 자연스럽게 친구를 사귄다. 기업들은 메타버스상에 매장을 차리고, 물리적인 사무실 대신에 메타버스상에서 근무를 하기도 한다. 거기에 메타버스 걸그룹이 인기이고, 국내 메이저 엔터테인먼트 기업들의 실존 가수와 아바타가 교감하며 현실과 가상을 오간다. 이런 메타버스가 ESG와 만나면 어떻게 될까?

① ESG의 시뮬레이션 도구 및 가상 사무실로서의 활용

메타버스의 장점은 공간의 제약이 없다는 점이다. 이를 활용해보면 첫째, 스마트 팩토리를 최저 전력으로 움직일 수 있는 가상화된 공장으로 만들어 시뮬레이션하고, 실제 로봇으로 구현할 수 있다. 둘째, 위험하거나 비용이 많이 드는 화재, 의료 모의훈련을 대체할 수 있다. 물론 모든 실제 체험을 대체할 수는 없지만 병행할 경우, 자원 낭비나 시행착오를 줄일 수 있다. 예를 들어 간호사들의 의료실습을 일부 메타버스로 진행할 경우 일회용 의료용품의 소모를 줄일 수 있다. 셋째, 가상 사무실 Virtual Office이다. 이미 '직방' 같은 경우, 물리적인 사무실 없이 가상공간에서 근무를 한다. 이를 통해 사무공간의 유지·보수 비용 및 이동을 위한 탄소 배출을 줄일 수 있다.

② 접근성Accessibility을 위한 기회

스마트워치형 컨트롤러가 이미 완성 단계다. 손가락 근육의 움직임이 손목에서 결정되기 때문에, 손이 없는 사람도 가상 공간VR 안에서는 손이 있는 아바타로 생활을 할 수 있다. 이동이 쉽지 않은 지체장애인의 경우도 가상 사무실로 혜택을 볼 수 있다. 또한 메타버스는 직관적으로 조작할 수 있게 되어 디지털 독해력이 상대적으로 떨어지는 노인층이나 디지털 약자들도 쉽게 이용할 수 있다.

③ 메타버스 시대에 대비한 ESG 요소

메타버스상에서는 국경을 초월한 협업이나 네트워크가 가능하다. 그렇기 때문에 현재 국가가 규제하는 개인정보 보호 법규나 윤리 규정, 다양성 존중에 대한 문화 형성이 더욱 중요해진다. 기술의 발전과 더불어 고려해야 할 요소이지만, 아직 논의는 초기 단계로 보인다.

최근 정부는 지자체와 협력해 주요 지역 거점을 중심으로 메타버스 노마드 업무 시범지역을 선정하는 '메타버스 신산업 선도 전략'을 발표했다. 이를 위해 청년과 직장인들이 지역 제약 없이 근무할 수 있는 거주 환경과 복수의 민간 업무용 협업 솔루션도 제공한다. 더불어 가상 세계 속 비윤리 행위, 불법적 행위, 디지털 자산, 저작권 등에 관한 법제 정비 연구를 위한 범정부 협의체를 구성키로 했다. 이처럼 신기술에는 새로운 개념의 거버넌스 체계가 필요하다.

④ 사회 공헌 도구Tool로서의 활용

미국의 메타버스 기업 웨이브는 가수 존 레전드의 가상 콘서트를 열어 화제를 모았다. 존 레전드는 모션 캡처 슈트를 입고 본인의 아바타 캐릭터를 이용해 가상의 공간에서 실시간 자선공연을 진행했다. 관람객들이 기부를 하면, 채팅창의 메시지나 벽면에 플래카드 등으로 시각화가 된다. 가상공간이지만 팬과 함께 호흡하며 공연을 하는 것이 가능해지고, 자선공연의 의미에 충실할 수 있었던 것이다. 이는 공감과 참여를 높이는 사회 공헌의 새로운 방식으로도 활용 가능성이 있다.

John Legend LIVE

⑤ 메타버스의 교육 활용 및 인재 육성

코로나19로 인한 거리두기의 영향으로 최근 교육이나 행사에 개더타운을 활용하는 경우가 많이 늘어났다. 그런데 도구가 목적이 되는 순간, 본래 '교육'의 목적이 흐려질 수 있다. 선생님이나 학생들이 수업 시간에 메타버스 플랫폼인 개더타운을 이용해 봤다는 것이 메타버스 교육을 한 것으로 오해할 수 있기 때문이다. 이런 수업은 메타버스 체험에 불과하고, 메타버스가 만들 세상이 어떻게 변화할 것인지, 그런 세상에서 사람들은 어떻게 생활하고, 일하고, 다른 사람들과 소통할 것인지 토론하고 그 과정에서 학생들은 어떤 역할을 할 수 있을지 생각해 보는 기회를 갖는 것이 필요하다.

더 나아가 메타버스 플랫폼이나 캐릭터를 개발하는 개발자나 디자이너 역량을 배워 볼 수도 있고, '메타버스 경찰관'처럼 새롭게 생기는 직업에 대해 상상해 볼 수도 있다. 이것이 메타버스 교육이 추구해야 하는 목적이 아닐까 싶다.

블록체인, ESG로 새로운 가치를 창출하다

블록체인은 네트워크에 참여하는 모든 사용자가 관리 대상이 되는 모든 데이터를 분산하여 저장하는 데이터 분산 처리 기술로, 프로토콜 경제를 실현하는 하나의 방법론으로 각광을 받고 있다. 여기서 프로토콜 경제는 시장 참여자들이 자유롭게 프로토콜을 만들어 경제 활동에 참여할 수 있는 개방형 시스템을 의미한다. 이를 통해 탈중앙화 및 탈독점화로 일정한 규칙을 만들어 참여자 모두에게 공정성과 투명성을 확보하는 참여형 공정 경제 시스템을 구현할 수 있다. 기존의 플랫폼 경제는 중개자가 수수료 수취를 통해 이익 주도권을 가지는 데 반해 프로토콜 경제는 거래 참여자들이 사전 합의를 통해 분배를 받을 수 있는 것이다.

예를 들면, 세계 최대 차량 공유업체 우버는 사용자의 비용에서 수수료를 챙기지만, 이스라엘 카셰어링 업체 라주즈는 수수료가 없어 사용자도 적은 돈을 지불하고 수익을 모두 기사들이 챙긴다. 라주즈는 수수료를 챙기지 않는 대신 서비스 결제 수단인 암호화폐 '주즈^{Zooz}' 토큰을 발행하는 과정을 통해 비즈니스를 운영한다. 라주즈 서비스 사용자들이 늘어나면 암호화폐 가치가 상승해 이익을 얻는 구조다. 수수료 '0원' 비결에 블록체인 기술이 있는 것이다. 별도 플랫폼 없이 블록체인 기술을 통해 사용자와 운전기사를 실시간으로 빠르게 연결시켜 손님 정보, 결제 등을 돕고, 거래 장부도 분산돼 있어 위·변조도 힘들다. 이에 우버 역시 플랫폼 경제의 한계를 인식하고 최근 프로토콜 경제에 참여할 의사를 밝혔다. 미국 증권거래위원회^{SEC}는 우버 운전자 및 플랫폼 노동자에게 1년 보상금 가운데 15%를 지분으로 줄 수 있도록 허용했다. 우버 기사들이 우버 플랫폼 성장에 기여한 대가를 받을 수 있게 된 것이다. 다음의 표 '가상 경제 시대의 개막'은 플랫폼 경제와 프로토콜 경제의 차이를 간단하게 비교해서 보여준다.

블록체인 기술도 두 가지 측면으로 생각해 볼 수 있다. 블록체인 기술의 발전이 ESG 경영을 잘할 수 있도록 지원하는 측면과 블록체인 기술의 발전에 따라 빠르게 변화하는 사회에 ESG를 어떻게 적용해야 할지에 대한 측면이다.

가상 경제 시대의 개막

	Internet Economy / Web2		Virtual Economy / Web3	
	공유경제	구독경제	Token Economy	Creator Economy
이해관계자	수요자, 공급자	소비자	기여자, 개발자, 3rd party, 제공자, 수요자, 투자자	창작자, 중계자, 수요자
비즈니스 모델	중계 수수료 (사용자 간 가치 거래)	정기적 서비스 사용료	수수료, 거래 수수료, 투자	판매, 투자, 수수료
Value Proposition	편의, 다양성	경험, 서비스	신뢰, 가격	자유, 이득
	Platform Business (공정한 거버넌스)		Protocol Business (탈중앙화 규약)	

출처: 김지현 SK텔레콤 부사장 페이스북 포스팅, SK mySUNI Digital Tech 연구/College 리더

① 프로토콜 경제를 통한 이익 배분

앞서 강조했던 프로토콜 경제는 블록체인 기술을 바탕으로 기업과 비즈니스의 생태계를 크게 바꿔 놓을 수 있다. 그동안 플랫폼 기업들이 이익을 독점했던 반면에 프로토콜 경제에서는 창작자와 기여자가 이익을 창출할 수 있는 구조가 될 수 있기 때문이다. 이스라엘 카셰어링 업체 라주즈의 사례처럼 운전기사들이 수익을 더 많이 가져갈 수 있는 모델이 생긴다면 기존 플랫폼을 고집할 이유가 없다. 페이스북(현 메타)처럼 인터넷 커뮤니티를 주도하고, 가입자 정보로 이익을 창출하던 기업들은 새로운 도전에 직면할 것이다. Web2 시대의 중앙 집중화

된 플랫폼 기업이 데이터의 통제권을 지니고 개인정보 침해, 시장 독점, 정보 유출 가능성 등의 문제를 야기했기 때문이다. 이를 방어하기 위해 유럽에는 GDPR^{General Data Protection Regulation}이라는 보다 엄격한 개인정보 보호 규정이 있다. GDPR은 유럽 의회에서 유럽 시민들의 개인정보 보호를 강화하기 위해 만든 통합 규정으로 2016년 공표되었으며, 약 2년간의 유예 기간을 가진 후 2018년 5월 25일부터 EU 각 회원국에서 시행되었고, EU의 시민 데이터를 활용하는 경우 GDPR을 준수해야 한다. 영국의 〈이코노미스트〉는 '개인정보에 대한 대가를 사람들에게 지불한다면'이라는 제목의 기사에서 '기술 기업들이 온라인 서비스에 정보를 활용하는 대가를 지불해야 한다'고 주장했다고 한다.

'불의'나 '부당'하다는 사회적 인식이 형성되기 시작하면 아무리 그 방식으로 이익을 창출했던 기업이라도 비즈니스 모델을 바꿔야 한다. 그것이 창작자와 기여자에게 좀 더 많은 이익이 배분되는 프로토콜 경제로의 전환 이유다. ESG 경영은 그런 변화 속에서 불의나 부당의 기준들을 설정하고, 기업의 변화를 촉구할 것이다.

② 블록체인을 통한 탈중앙화

블록체인을 처음으로 접했던 것은 2014년 서울 디지털 포럼^{SDF}에서였다. 당시 한국 최초의 비트코인 거래소 코빗의 유영석 대표가 블록체인 기술이 가진 잠재력에 대해 설명했다. 특히 마지막 사례가 인상적이었는데, 미국에 있는 누나가 아프리카에 있는 동생에게 해외 송금을 할 때 전통적인 금융기관을 통하면 거래 수수료 등 많은 비용을 지불하고, 시간도 오래 걸리는 반면에 블록체인 공공장부 기술로 거래를 하게 되면 빠르고 저렴하게 돈을 보낼 수 있다는 것이다. 그는 블록체인으로 인해 인류 역사상 최초로 범지구적 공공장부가 우리에게 생겼고, 이것이 금융을 초월한 다양한 분야에서 패러다임을 바꿀 혁신적 플랫폼을 가능하게 할 것이라고 주장했다. 여기서 비즈니스 네트워크(생태계) 설계가 얼마만큼 충실히 적용되어 있는가의 여부가 블록체인 성공 여부를 결정하게 되는데, 블록체인은 중앙집권화되어 있는 금융, 유통, 물류 등을 혁신적으로 변화시킬 기술로 주목 받았다. 이제는 블록체인 플랫폼 기술이 성숙하여 대체불가토큰NFT, 탈중앙화금융DeFi, 돈 버는 게임Play to Earn 등의 분야에서 성공 사례가 나오고 있다. 블록체인이 플랫폼 기업의 독점, 중앙집권적인 정부와 금융기관의 역할 등에 도전장을 내밀고 있는 것이다. 블록체인을 기반으로 한 탈중앙화는 증권 거래, 무역금융, 신원 관리, 전자 투표, 유통, 보안 등 다양한 산업 영역으로도 확산되고 있다. 블록체인의 기술적 사상과 가치관은 ESG 경영과도 방향성이 같다. 권력과 자원의 독점을 막고, 투명한 의사결정과 소통을 할 수 있도록 하기 때문이다.

③ 블록체인 기반 투명한 의사결정 과정 지원

ESG에서 거버넌스G가 '이사회에 여성 몇 명 필수'와 같이 지배구조의 협소한 의미로 해석되면 안 된다. 기업의 대내외 의사결정 과정과 체계를 모두 포괄하는 의미로 해석하는 것이 바람직하다. 스타트업 옥소폴리틱스는 서로 다른 정치적 견해를 이해하면서 효율적으로 토론하고 어젠다를 만들어가는 소셜 네트워크를 운영한다. 이는 블록체인을 기반으로 참여자들에 대한 신뢰를 확보하고, 거버넌스를 개방하고 합의해주는 시스템으로 구성되어 있다. 온라인 공간에서 불특정 다수의 대중 간 정치적 견해를 표출하게 될 경우 정보의 신뢰성 보장이 절대적으로 필요하기 때문이다. 이처럼 기업 내부에서도 ESG 경영에 맞는 거버넌스 체계를 갖추는 데 블록체인을 활용할 수 있다. 빠르고 효율적인 소통이 쉽지 않은 글로벌 기업이나 대기업에서도 블록체인을 통해 정보의 신뢰성이 보장된 임직원 간 투명한 소통이 이루어졌을 때 수평적이고 윤리적인 조직문화를 갖출 수 있기 때문이다. 또한 공시가 의무화되는 '지속가능경영 보고서'의 비재무적 지표 관리 등에도 활용될 수 있다. 데이터 변조 방지라는 보안성, 이력 추적성 등 블록체인 기술의 장점이 시너지를 낼 수 있다.

④ ESG 경영 지원

블록체인 기술은 비즈니스 밸류 체인 전체를 관리해야 하는 ESG 경영에도 도움이 될 수 있다. 예를 들면, LG화학의 분쟁 광물 관리 사례가 있다. LG화학은 2017년 비윤리적인 방법을 통해 취득한 원재료 사용을 금지했으며, 분쟁 지역에서 채굴되는 분쟁 광물도 사용하지 않겠다고 발표했다. 그러한 노력의 일환으로 공급망 투명성을 강화하고, 원재료 공급과정에서 어린이 노동과 같은 인권 유린·노동 착취나 환경오염 등의 문제가 발생하지 않도록 블록체인 플랫폼을 활용한다. 이 블록체인 시스템은 코발트가 광산에서 채굴돼 정련과 배터리 제조 등을 거쳐 전기차에 최종 탑재되기까지 모든 과정을 공유함으로써 투명성을 확보하자는 취지에서 구축됐다. 공급망에 대한 또 다른 예로 식품유통 조회서비스 '푸드 트러스트'를 들 수 있다. 이들은 공급망 네트워크를 블록체인에 올려서 외국으로부터 수입해 온 식품의 유통 내역을 추적하는 등 식품 유통과정의 투명성을 확보한다.

또한 해운물류 분야에서도 블록체인 기술은 유용하다. 동아프리카에서 유럽까지 해운을 통해 물품을 운송한다고 가정했을 때, 약 30명의 서로 다른 개인 또는 기관이 200번 이상 거래에 참여하고, 상품 출하를 위한 문서 처리에만 10일이 소요되는 비효율성이 존재하는데 이를 획기적으로 바꿔 줄 기술이 블록체인이다. 블록체인 플랫폼에 참여하는 플레이어들이 모든 정보를 투명하게 알 수 있게 되고, 통관에 필요한 서류 작업, 수수료를 생략할 수 있게 된다. 윤리적, 경제적, 환경적(탄소발자국 감소)으로 의미가 있는 것이다.

⑤ 생태계를 살리는 보상체계 연결

재활용 생태계와 기부 플랫폼, 커뮤니티 플랫폼에도 블록체인이 활용될 수 있다. 오늘날 지구에는 해마다 3억 톤의 플라스틱이 생산되고, 그중 800만 톤은 바다로 흘러들어간다고 한다. 이를 해결하기 위해서 해양 쓰레기가 될 플라스틱 폐기물을 재활용하는 사회적 기업 플라스틱 뱅크에서 블록체인 사업을 시작했다. 플라스틱을 수거해오면 디지털 토큰으로 교환해줌으로써 가치를 부여하고, 재활용 생태계를 강화하는 것이다. 빈곤층 사람들은 이러한 플라스틱 폐기물을 수집한 대가로 받은 디지털 토큰으로 생필품을 구입하거나 전기료를 납부할 수 있다.

또다른 사례로는 이포넷에서는 운영하고 있는 블록체인 기부 플랫폼 '체리'를 들 수 있다. 블록체인 기술을 활용하여 기부금 사용처의 투명성을 높이고 기존 기부처에 대한 불확실한 신뢰도를 끌어올렸다. 대표적 활동인 비대면 걷기 축제 '체리런'을 통해 모금된 기부금은 기부단체로 전달되고, 블록체인 기술을 통해 내역이 공개된다. 각자 원하는 장소에서 재미있게 걷거나 뛰며 참여해도 기부금이 블록체인을 통해 코로나19의 장기화로 후원금을 모집할 수 없게 된 기부단체들로 전달되는데, 최근 누적 후원 금액이 20억 원을 넘어섰다고 한다.

마지막으로 커뮤니티 플랫폼으로의 활용이다. 글로벌 사회 문제들을 해결하는 스타트업의 발굴과 육성을 위한 프로그램 '임팩트 컬렉티브'에서는 블록체인 기반 커뮤니티 플랫폼 '임팩트 컬렉티브 커뮤니티'를 운영하고 있다. 이 커뮤니티에는 아시아 전역의 투자자, 사업가, 스타트업 업계 관계자·종사자, 학자, 일반 소비자 등 약 1300명의 멤버들이 있다. 커뮤니티 멤버가 되면 '집단지성'을 활용하여 우리 사회에 가장 필요한 솔루션을 보유한 스타트업들에게 '토큰'을 활용하여 투표를 할 수 있고, 가장 많은 토큰을 받은 스타트업 10팀이 최종 투자를 받게 되는 것이다. 이처럼 블록체인은 재활용, 기부, 커뮤니티 참여자들을 능동적인 참여 주체로 만들어 과정상에서 더욱 적극적으로 참여할 수 있도록 동기 부여를 한다.

ESG와 일의 미래

간단하게 인공지능, 메타버스, 블록체인이라는 미래 기술이 ESG 경영을 잘할 수 있도록 어떻게 지원할 수 있을지, 또 이러한 기술의 발전에 따라 빠르게 변화하는 사회에 ESG를 어떻게 적용해야 할지에 대해 살펴보았다. '기술'은 결국 도구일 뿐이다. 칼은 인간에게 조리도구, 의료용 등으로 득(得)이 될 수도 있지만, 살인무기와 같이 해(害)가 될 수도 있다. 결국 그 도구를 쓰는 사람에 따라 도구의 용도가 달라지는 것이다. 기술도 마찬가지다. 기술 자체는 중립성을 띠지만, 그 기술을 어떻게 쓰느냐에 따라 인간에게 득이 되기도, 해가 되기도 한다. 급속도로 발전하는 첨단기술 기업일수록 ESG 경영에 더욱 신경을 써야 하는 이유다.

어릴 적 미국의 인기 드라마 시리즈 〈스타트렉〉에는 미래에 사는 사람과 과거에서 온 사람이 만나 대화를 나누는 장면이 나왔다. 오래전 보았던 그 드라마에서 이 대화 장면이 참 인상 깊어 지금까지도 기억하고 있다.

과거에서 온 사람: 당신은 월급을 받나요?

미래에 사는 사람: 아니요, 받지 않습니다.

과거에서 온 사람: 그렇다면 무엇을 위해 일하나요?

미래에 사는 사람: 더 나은 세상을 만들기 위해 일합니다.

급속도로 성장하던 산업화 시대에는 일자리가 많았다. 하지만 기술의 발달로 지금은 일자리의 상당 부분이 로봇과 인공지능 기술로 대체되었고, 저성장 시대까지 도래하며 취업난이 우리의 일상이 되고 있다. 이런 변화에 대해 정부는 일자리 지원 정책을 계속 내놓고 있지만, 근본적인 해결책은 되지 못하고 있다. 반면 드론 전문가나 1인 크리에이터 등 예전에는 없던 일자리가 등장하며 일부 산업군은 활발히 성장하고 있다.

'평생 직장'이 아닌 여러 개의 직업을 갖는 'N잡러'도 늘고 있다. 또 자신만의 취향을 살린 창작으로 니치 마켓에서 새로운 기회를 열어가는 사람들도 있다. 그러면서 산업화 시대에는 당연하게 여겨졌던 출퇴근에 대한 개념이 흔들리고 유연 근무, 재택 근무 등 시간과 장소를 초월한 새로운 근무 형태가 주목받았으며, 이는 코로나19로 가속화되었다. 이런 변화를 온몸으로 경험하고 있는 우리도 일에 대한 생각이 점차 달라지고 있다. 예전에 안정적인 직장, 좋은 직장이라고 여겨지던 것들이 지금은 그렇지 않게 되었고, 그러다 보니 좋은 일의 기준도 달라졌다. 구직자들도 사람들이 보편적으로 좋다고 여기는 직장에 맹목적으로 취업하기보다 내가 왜 이 일을 하는지, 가치 있는 일인지, 삶을 풍요롭게 할 수 있는 일인지 등의 질문을 던지게 된 것이다. 이런 다이내믹한 변화 앞에서 〈스타트렉〉의 장면이 더욱 특별하게 느껴진다. 정말 미래에는 '더 나은 세상을 만들기 위해' 일하는 것이 일반적인 상황이 될지도 모른다는 생각이 들었기 때문이다.

이젠 사람들의 관심 방향, 나아가 비즈니스를 만드는 '돈'의 흐름 또한 '가치 추구'로 변화하고 있다. 정말 머지않아 사회 문제를 해결하려는 소셜 벤처가 일반 기업이 될지도 모른다. 바꿔 말하면 모든 기업이 소셜 벤처가 될지도 모른다. 그렇게 된다면 기업은 사회적 가치를 기업의 목표이자 비전으로 삼을 수밖에 없을 것이다. 그리고 그 기업에 고용되거나, 협력을 하는 등 유기적 관계를 맺고 사는 우리는 자연스럽게 더 나은 세상을 위해 일하게 될 것이다. 나는 빠르게 변화하고 있는 이 미래가 무척 기대가 된다.

How to ESG

How to ESG
측정 가능한 타깃을 설정해 꾸준하게 관리하는가?

1. ESG 활동의 KPI를 설정하기 위해서 다음 질문을 검토해 보자.

   ① 업(業)에 관련된 것인가?

   ② 달성하고자 하는 목표는 무엇인가?

   ③ 어떻게 측정할 것인가?

2. 목표를 설정한 뒤에는 좋은 목표 설정의 기준(S.M.A.R.T.)의 다섯 가지 요소가 잘 반영되었는지 검토하자.

① 구체적(Specific)인가? 명확하고 구체적인 계획을 세우자.

② 측정 가능(Measurable)한가? 측정 가능한 목표를 세우자.

③ 성취 가능(Achievable)한가? 현실에 맞는 달성 가능한 목표를 세우자.

④ 관련(Relevant)이 있는가? 기업의 비전이나 목표에 연관성 있는 목표를 세우자.

⑤ 시간적 범위를 고려(Time bound)했는가? 목표 달성 기간을 구체적으로 정하자.

에필로그

개인과 기업의
목적 있는 삶을 꿈꾸며

"강인하지 않으면 살아남지 못한다. 그러나 상냥하지 않으면 살아갈 자격이 없다."

레이먼드 챈들러의 소설 《원점회귀》에 나오는 사립탐정 필립의 대사다. ESG를 알아갈수록 '기업'이 '사람'과 참 닮아 있다는 생각이 든다. 기업을 법인(法人, 법에 의하여 권리·의무의 주체로서의 자격을 부여받은 사람)이라고도 하지 않는가. 인간이 태어나서부터 완벽할 수 없는 것처럼 기업 역시 창업과 동시에 완벽할 수는 없다. 하지만 인간이 성장하면서 '인간답게' 살기를 원하고 사랑받고 존중받기를 바라는 것처럼 기업도 소비자와 사회로부터 사랑받는 기업, 존경받는 기업이 되고자 노력한다고,

혹은 (외부 강제적인 요인 때문이라도) 노력해야만 한다고 생각한다. 인간이 교육과 경험을 통해 성장하듯이 기업도 자의든 타의든 더 나은 조직문화, 내부 규정, 협력업체와의 관계 등을 정비해 나가야 하는 것이다.

무거운 교육문제를 세 학생의 스토리로 재미있게 풀어낸 인도 코미디 영화 〈세 얼간이〉는 나의 인생 영화다. 그중 가장 기억에 남았던 장면을 소개한다. 현 교육체제의 상징인 교장선생이 학생들에게 펜을 보여주며 "이 펜은 중력이 없는 지구 밖에서도 쓸 수 있도록 수백만 달러를 들여 개발한 펜이다. 이 펜은 각도, 온도, 중력 모두 상관없이 쓸 수 있다"라고 설명한다. 그 이야기를 듣고 있던 주인공은 손을 들고 질문한다.

"지구 밖에서 펜을 못 쓰면 연필을 쓰면 되잖아요? 그럼 연구비를 안 써도 됐을 텐데요."

이 이야기가 주는 시사점을 기업 내 조직에서도 찾아볼 수 있다. 대부분의 기업은 '중력이 없는 곳에서도 쓸 수 있는 펜을 개발하라'와 같이 부서에 과제를 주고, 해당 부서에서는 펜을 개발하기 위한 자원 배분을 통해 중력이 필요 없는 펜을 위한 제품의 프로토타이핑 등에 힘을 쏟게 될 것이다. 과제가 생기게 된 근본적인 목적과 이유인 '우주에서 글씨를 쓰는 것'에 대해서는 부서별로 고민을 하지 않게 되는 것이다. '연필'이라는 현존하는, 가장 저렴한 방법이 있는데도 말이다.

핵심은 '목적'과 '이유'다. 사이먼 시넥의 '골든 서클'에서 연습했던 것처럼 어느 기업, 기관, 조직, 부서, 개인이든 목적WHY에 대해서 생각해 보는 것이 중요하다. ESG와 관련하여 '무엇을 할까?'를 생각하기 이전에 우리는 '왜 ESG 경영을 해야 하는 걸까?' 'ESG 경영이 왜 등장하게 되었을까?' '우리 부서는 왜 ESG 경영이 필요할까?' '기업을 둘러싼 이해관계자들은 왜 변하고 있을까?' 등에 대해 심도 있게 생각해 봐야 한다. 그래야 부서별로 홍보에만 치중하는 ESG 캠페인, 이벤트를 실행하고 업무에 충실했으나 ESG워싱이 되는 우를 범하지 않을 것이다.

또한, 목표 설정을 잘못하면 긴 호흡의 ESG도 한철 유행이 될 수밖에 없다. 만약 기업이 ESG 평가 등급을 잘 받는 것만을 목표로 한다면 어떻게 될까? 탄소 배출 기준을 잘 맞출 탄소 전문가를 채용하거나 이사회 성비를 맞추는 등 가시적인 활동에만 집중할 것이다. 모든 기업이 이런 데만 치중하면 지금과 같은 ESG에 대한 열기는 금방 식어버린다. 하지만 우리가 ESG 경영을 해야 하는 궁극적인 이유는 '지속가능한 기업'을 만드는 데 있다. 그만큼 여정은 멀고 길다. 우리가 지구의 문제를 해결하지 못한다면 CSR, CSV, ESG에 이어 또 다른 혁신 키워드가 등장할 수도 있다.

그래서 키워드에 집중하기보다 우리가 겪는 상황을 직시해야 한다. 누군가 기후 위기를 '용수철'에 비교하는 걸 들은 적이 있다. 지구가 자정 능력을 유지할 수준을 넘어서면, 그때는 늘어난 용수철처럼 지구를 다시 되돌릴 수 없다고 비유한 것이다.

지구는 코로나19와 이상 기후, 산불과 태풍 등 자연재해 등을 통해 우리에게 끊임없이 경고하고 있다. 만약 ESG를 유행 또는 기업이 최소한으로 지켜야 할 기준으로만 여긴다면 우리는 그 마지막 기회를 놓칠지도 모른다.

미래가 아닌 지금을 위한 길

ESG 분야의 석학으로 꼽히는 MIT 대학의 요시 셰피 교수와 서면 인터뷰를 할 기회가 있었다. 그는 ESG 경영 실천 전략을 제시하는 도서 《밸런싱 그린》의 저자이기도 하다. 그의 메시지 중에서 의미 있게 와 닿은 세 가지와 나의 소견을 나눠본다.

첫째, 지속가능성이 '환경 대 수익'이라는 단순한 구도가 아니라 '사람 대 사람'의 구도라는 걸 강조한다. 저렴한 물건을 찾는 사람과 깨끗한 환경을 원하는 사람을 생각해 보라는 것이다. 또한 내일 당장 가족을 어떻게 먹여 살릴지 고민하는 사람은 미래의 환경을 걱정하는 사람과 갈등할 수 있다. 이렇게 복잡하고 예측 불가능한 세계에서 기업은 ESG 관점까지 담아 사업을 이어가는 어려운 일을 해내야 한다는 것이다. 탄소국경세를 비롯한 ESG 관련 규제가 유럽이나 미국 등 선진국의 무역장벽으로 작용하는 것은 아닌지, 대기업에 비해 자원이 충분하지 않은 중소기업에게 ESG 경영은 가당찮은 것은 아닌지, 새벽 배송을 위한 배송 직원의 노동 환경과 과대 포장에 대한 이슈가 바쁜 현대인의 편리함을 위해 양보할 수 있는 가치인지, 쿠팡맨으로 생계를 유지하는 노동자에게 '새벽 배송'이 꼭 나쁜 것인지 등 우리 사회는 너무 복잡한 이해관계로 얽혀 있을 뿐만 아니라, 때로는 그 이해관계가 상충되기도 한다.

둘째, 그렇기에 기업은 사람들의 다양한 가치관을 자신의 사업과 연결해야 하는 과제를 안고 있다. 기업이 이익 창출과 지속가능성이라는 단기적으로 상반되어 보이는 가치를 충족해야 하는 상황이기도 하다. 셰피 교수의 연구에 따르면 소비자들은 생각보다 '말^{Say}'하는 만큼 지속가능성이라는 가치에 실제로 '지불^{Pay}'하지는 않는다고 한다. 그래서 그는 소비자들이 환경과 사회에 미치는 영향을 인식하고 행동을 바꾸기 전까지 어떤 기업이나 정부도 의미 있는 조처를 하기 어려울 거라는 점을 여러 번 강조한다. 즉 대다수의 소비자가 신속·편리한 이커머스가 환경에 좋지 않다고 판단하고 사용을 중단할 때까지는 변화가 일어나기 힘들 거라는 것이다. 시장이 있는 한 기업들은 ESG 경영에 맞는 '옳은' 결정을 하기 어렵기 때문이다. 매일유업에서 '엔요100'의 빨대를 없애고 생산하는 것으로 의사결정을 했는데, 이는 연간 온실가스 44톤을 감축하는 효과가 있었다. 하지만 해당 제품을 이용하는 아이 엄마들은 불편하다고 콤플레인을 했다고 한다. 같은 맥락으로 정부도 일부 기업의 행동을 규제할 수는 있지만, 민주주의 체제에선 영향력을 행사할 수 있는 소비자이자 시민들이 변해야 하는 것이다.

예를 들어 프랑스 정부가 탄소세를 제정하려고 했을 때 휘발유에 대한 탄소세 적용에 반발한 '노란 조끼 시위'가 파리 거리를 불태웠다. 이처럼 소비자들이 준비되어 있지 않다면 정부의 규제는 실패할 수밖에 없다.

셋째, 기업뿐 아니라 모든 이해관계자가 각자 할 수 있는 역할과 책임을 다해야 한다. 기업은 '사용 단계$^{Use Phase}$'까지 고려한 제품을 설계해야 하고, 공익활동 지원을 위한 연결과 협력을 하는 중간 지원조직과 비영리기관은 캠페인을 더 적극적으로 해야 한다. 정부는 기준을 세우고 지속가능한 신기술을 개발하는 데 적극 지원을 해야 한다. 또한 소비자이자 시민은 ESG를 당장 행동으로 옮겨야 한다. ESG는 일상을 살아가는 나와 동떨어진 것이 아닌, 어느 산업·부서·기업·개인이든 일하는 모두가 적용할 수 있는 부분이 있고 그것을 찾아서 행동해야 한다. '내가 ESG와 관련해 무엇을 할 수 있을까?'를 생각해 보고, 작게는 ESG를 잘 준수하고 선도하는 기업에 '돈쭐'도 내주고, 지구에 해가 되는 플라스틱을 덜 쓰는 것도 방법이다. 또한 회사의 변화를 고민하는 분들이라면 현재 일에 ESG를 어떻게 녹일 수 있을지 생각해 볼 수 있다.

2021년 12월 중순 한국상장회사협의회의 'ESG 정보 공개 의무화 조사'에 따르면, ESG 공시의 컨설팅 및 인증 비용으로 연간 1억 원 이상을 지출한 기업이 응답 기업의 절반이었고, 자산 규모 2조 원 이상 기업은 지속가능경영 보고서 관련 비용이 평균 9299만 원에 달했다고 한다. ESG 대유행과 함께 ESG 관련 시장이 커진 것이다. 내가 직접 한 스타트업에 최고지속가능책임자CSO로 조인한 이유는 그 스타트업의 이념에 공감했을 뿐만 아니라 ESG적으로도 건강한 기업이 될 수 있도록 발로 뛰고, 우리 조직 내에서 경험한 것들을 다른 스타트업들에게 공유하여 기업마다 초기부터 CSO를 둘 수 있도록 후배를 키우기 위함이다. 진정으로 지속가능한 기업을 바란다면 ESG 경영이나 지속가능경영 보고서도 용역으로 '남'한테 맡기지 말고 기업 내에서 직접 치열하게 배우고, 논의하고, 적용해 보면서 우리 기업에 가장 잘 맞는 영역과 방법, 노하우를 찾아가길 바란다.

지속가능한 기업·경영·삶은 모두 연결되어 있다. 우리가 이를 모두 함께 달성하지 않는 한 ESG는 또 다른 규제·과제·경영의 모습으로 우리 앞에 계속 나타날 것이다.

부록 1

ESG에 대한 FAQ

부록 2

현장에서 통하는
ESG 정보 바로가기

부록
1

ESG에 대한 FAQ

1. 중소기업도 ESG를 할 수 있을까?

우리나라 중소기업 입장에서 생각하면 ESG 경영을 바로 적용하기 어려울 수밖에 없다. 대기업만큼 인적·물적 자원이 풍부한 것도 아니고, 당장 기업의 생존에 달린 수익 창출만으로도 여력이 없기 때문이다. 하지만 ESG 경영을 중소기업이나 스타트업도 할 수 있고, 해야만 한다. 그 이유를 크게 세 가지로 볼 수 있다. 바로 투자, 거래, 규제다.

첫째, 투자를 포함한 금융적인 측면이다. 글로벌지속가능투자연합GSIA에서 발표한 내용에 따르면 2020년 6월 기준 글로벌 ESG 관련 투자 자산은 40조 5000억 달러로 2018년 대비 31%

증가했다고 한다. 미국, 유럽, 호주·뉴질랜드, 일본, 캐나다 등 세계 5개 자산시장의 ESG 투자 규모도 35조 3000억 달러(약 4경 6000조 원)에 달했고, 이는 전체 투자 금액의 36%에 이르는 규모라고 한다. ESG의 꼬리표가 붙은 자금이 큰 규모로 형성된 것이다. 이와 더불어 우리나라 정부에서는 K-ESG 가이드를 바탕으로 ESG 우수기업에 대한 인센티브로 R&D 사업 참여 시 가점 부여, 공공조달 분야 ESG 도입이, 금융권에서는 대출금리 우대 혜택 등이 추진 및 적용되고 있다.

둘째, 기업 간 거래다. 애플, 구글, 아마존, GM 등 200여 개 글로벌 기업이 재생에너지 100% 사용을 약속하는 RE100 Renewable Energy100 캠페인에 적극 참여하고 있다. 특히 애플은 공급사 클린에너지 2020 프로그램을 통해 71개 파트너사에게도 재생에너지 사용을 요구하고 있다. 발표된 파트너사 중 국내 기업으로는 SK하이닉스와 대상에스티 등 2곳이 포함되었으며, 추후 애플과 비즈니스 거래를 할 경우 '재생에너지'는 필수적으로 고려해야 하는 요소로 중요도가 올라간 것이다. 우리나라에서도 RBA 행동규범에 기반하여 LG, SK, 삼성 등 대기업이 노동, 안전, 보건, 환경, 윤리 등 중견·중소 기업 협력사의 ESG 항목을 점검하고 있다.

마지막으로 규제다. 글로벌 ESG 관련 규제는 2010년 대비 5배 이상 급증했다. EU의 탄소국경세는 유럽 바깥에서 온실가스를 배출한 기업에도 유럽에서 생산되는 제품과 동일한 방식으로 비용을 부과하겠다는 것으로, 실제로는 무역 관세와 같은 효과를 낼 것으로 전망된다. 우리나라에서도 ESG와 관련된 법규가 강화되고 있는 상황이다. 산업안전보건법은 2021년 11월 19일부터, 중대재해처벌법은 2022년 1월 27일부터 시행된다. 또 다른 요소는 공시 의무다. 2025년부터 자산 2조 원 이상 상장사, 2030년부터 모든 코스피 상장사가 '지속가능경영 보고서'에 대한 공시의무를 갖게 된다. 2025년이면 아직 여유가 있다고 생각할 수 있으나 지속가능경영 보고서가 최소 3~5년 이상의 누적 데이터를 근거하여 작성하는 것을 감안하면 대기업과 중견기업은 올해부터 당장 준비해야 하는 과제인 것이다. 또한 투자자들의 요구에 의해서 공시 주기도 1년에서 분기별로 짧아지고 있다. 이러한 이유로 창업 4~5년 만에 상장을 목표로 하는 스타트업처럼 성장이 가파르게 이루어지기도 하는 경우엔 창업과 동시에 지속가능경영 보고서와 그에 맞는 조직문화, ESG 경영을 챙길 필요가 있다.

앞서 이야기했던 것처럼 기업의 생존이 눈앞에 있는 중소기업이나 스타트업의 경우 ESG를 챙길 여력이 없을 가능성이 높다. 그렇기에 ESG를 제대로 추진하기 위해서는 우리 사회가 추가로 비용을 부담해야 한다. 대기업과 정부가 중소기업과 스타트업의 ESG 경영 추진 및 도입을 위한 교육과 컨설팅을 지원하고, 정부에서는 탄소 포집 기술과 같은 ESG를 위한 R&D 기술에 투자하고, 대기업은 ESG가 반영된 제품을 좀 더 높은 가격에 공급받으려 노력하고, 소비자도 이로 인한 가격 상승에 함께 참여하는 구조가 돼야 한다. 중소기업이나 스타트업도 자사의 이해관계자가 누구이며, ESG와 관련해 무엇부터 실천할지 찾고 자발적인 노력을 기울일 필요가 있다.

　최근 대한상공회의소가 '중소기업 ESG 추진전략'을 발표했다. 중소기업이 ESG를 실천할 때는 두 가지를 고려해야 한다고 한다. 바로 시급성과 관리 용이성인데, 한정된 자원으로 ESG를 수행해야 하기 때문에 급한 것과 실행 가능한 것을 구분 및 판단해야 한다는 뜻이다. 규제나 재무적으로 가장 영향을 많이 미칠 만한 부분부터 빨리 개선해야 하고, 개선 활동 추진 시 소요 기간은 얼마나 걸릴지, 리스크 관리나 역량 확보를 위해 필요한 자원이 얼마나 되는지 등을 파악해야 한다. 이를 통해 실제 관리를 할 수 있을지 판단하고, 우선적으로 관리할 ESG 경영 요소를 선택한 후, 중장단기 실천과제를 도출해야 한다.

2. 우리나라에서 유독 '환경[E]'에만 집중하는 이유는 무엇일까?

한때 온라인에 ESG 관련 '짤' 이미지가 화두였다. ESG 각각의 요소를 수영장에 있는 아이들에 비유한 것인데, 부모는 온통 환경[E]에만 관심이 있고, 사회[S]는 물속에서 허우적거리고 있고, 거버넌스[G]는 이미 물 아래 가라앉아 해골이 되어 있는 것이다.

　이처럼 환경으로 관심이 집중되는 이유는 환경이 가장 명확하고 타 요소 대비 '측정'이 용이하기 때문이 아닐까 싶다. 환경은 탄소 배출량 등 수치적으로 측정할 수 있는 지표들이 많다. 반면 사회S와 거버넌스G 영역에선 측정 지표가 상대적으로 덜 발전했다. 사회적 가치 창출을 측정하는 기준도 명확하지 않다. 특히 거버넌스는 '지배구조'라고 해석해 생기는 오해도 있다. '한국의 오너 기업(재벌) 같은 경우, 거버넌스는 못 건드리는 것 아니냐'라고 생각하는 것처럼 말이다. 하지만 거버넌스는 지배구조뿐만 아니라 기업 내 의사결정 과정을 모두 포괄하는 것으로 이해해야 한다. 한국기업지배구조원의 ESG 모범 규준만 봐도 환경 모범 규준과 사회 모범 규준에 '(리더십과) 거버넌스'가 포함돼 있다. 그러니 모든 기업이 지속가능한 경영을 위해서는 기본적으로 거버넌스를 밑바탕에 두어야 한다고 보는 게 좋다.

사회S와 거버넌스G가 의미하는 요소들이 무엇인지를 명확히 이해하지 못하는 것도 환경E에만 집중되는 또 다른 이유 중 하나다. 예를 들어, 사장님이 마케팅팀에 '우리도 ESG 좀 해 봐'라고 지시했을 때, 마케팅팀은 단기적인 보여주기용 캠페인을 고려하게 되고, ESG에 대한 이해가 없다면 그린 골프 대회와 같은 위장 환경 캠페인을 하게 되는 것이다. 골프 대회 자체가 환경을 해치는데도 말이다.

사회S와 관련된 관리 주요 지표는 고용 관행, 공급망 포함 아동 노동·강제 노동, 차별 및 직장 내 괴롭힘 금지, 산업안전보건, 지적 재산 및 고객정보 보호, 제품 안전 및 품질과 같은 기업이 기본적으로 준수해야 할 법률적인 부분과 컴플라이언스 요소들을 포함하고 있다. 거버넌스G 역시 투명 경영, 반부패·준법 경영 등을 포함한 의사결정 과정 전반을 다루기 때문에 환경E, 사회S 영역에 있어서도 거버넌스G는 기본 토대를 이루어야 한다. 일회용품 줄이기, 계단 걷기와 같이 보여주기식 환경 관련 이벤트를 할 것이 아니라, 100년 이상의 지속가능한 기업이 되기 위해 무엇부터 개선해야 하는지 진지하게 고민할 필요가 있다.

3. CSR, CSV, ESG 차이점과 공통점은 무엇일까?

ESG라는 용어가 이전에 나온 용어와 비슷한 것 아니냐는 궁금증이 많다. 예를 들면 사회 공헌이나 CSR, CSV를 언급하며 ESG는 무엇이 다른지 물어보는 경우도 많다. 사회 혁신과 지속가능경영 R&D 및 컨설팅을 하는 이노소셜랩의 유승권 이사가 정리한 내용을 보면, 각 용어의 개념 및 관계가 더 명확해진다.

- **기업의 사회 공헌**: 기업의 이윤 또는 자원, 임직원 봉사활동으로 사회 공동체 삶을 개선하는 활동
- **CSV**(Creating Shared Value, 공유 가치 창출): 비즈니스 밸류 체인상의 사회·환경 문제를 해결함과 동시에 이익도 창출하는 비즈니스 전략·모델
- **CSR**(Corporate Social Responsibility, 기업의 사회적 책임): 비즈니스 밸류 체인 전 과정을 아울러 모든 이해관계자에게 경제·법·윤리·사회·환경적

책임을 지는 것
- ESG 경영(지속가능경영): 기업이 환경^{E}과 사회^{S}의 지속가능성을 해치지 않는 의사결정^{G}을 하는 경영

사례를 통해 구분해보자. 글로벌 화학기업 바스프에 '엘라스토코스트'라는 제품이 있다. 네덜란드 델프트공대, 독일 함부르크공대와의 공동 연구를 통해 개발한 방파제다. 해안 침식 문제를 해결하기 위한 제방 솔루션으로 개발한 엘라스토코스트는 기존의 콘크리트 방파제와 달리, 해안가에 있는 자갈을 친환경 폴리우레탄 소재로 붙여 만들었다. 그래서 자갈 사이의 공간이 남아 물보라가 적게 일어난다. 또 기존 지형을 그대로 사용하기 때문에 방파제 아래의 수중 생태계를 보호한다. 시공 시간도 하루면 충분하다. 이런 장점 때문에 국내에서도 몇몇 지자체나 연구기관이 이 제품을 구입해 활용했다. CSV의 사회적·비즈니스적 가치를 동시에 창출한 케이스다. 또 기업의 비즈니스 밸류 체인상에서 제품을 친환경적으로 연구·투자·개발하고 사회에 긍정적인 효과도 만들어냈기에 ESG 경영의 일환이라고 이야기할 수 있다. 하지만 기업의 이익 창출이 주요 목적이었기 때문에 CSR이나 사회 공헌으로 부르지는 않는다.

반대로 ESG가 아니면서 단어의 의미를 폄훼하는 사례도 있다. 예를 들면, 구체적인 행동 및 변화 없이 마케팅·홍보만 하는 경우다. 한 기업은 '탄소 배출 제로에 애쓰지. 친환경 제품을 쓰려

고 애쓰지. 그렇게 미래를 새로 쓰지. 이렇게 실천하지 ESG'라는 캠페인 영상을 만들기도 했다. 어떻게 ESG 경영을 제대로 실천하고 있는지 구체적인 사례는 없이 말이다. 이런 캠페인은 오히려 소비자로부터 진정성에 대한 의심만 더 받을 수도 있는 마케팅일 뿐이다.

4. ESG 경영 실무자의 역량은 무엇일까?

기업의 사회적 공헌 역할에 대해서는 과거부터 CSR이 있었고, ESG 전문가의 역량도 이와 크게 다르지 않다. 전에 IBM 본사의 CSR 역량 위원회 Skills Council 임무에 참여해 전 세계 CSR 책임 담당자들의 필요한 역량을 인사팀과 정리하고, 해당 역량에 맞는 교육 모듈을 커리어 계획과 연동시켰던 적이 있다. 그때 정리했던 CSR 책임 담당자의 역량이다.

① **전략적 사고**: 비즈니스 통찰력, 성과에 집중, 비판적 사고, 창의력
② **협업**: 설득력, 커뮤니케이션, 대인관계, 팀 리더십, 관계/파트너십 구축
③ **메시징**: 청중 중심, 서면 메시지, 스피킹&프레젠테이션
④ **기술**: 프로젝트/프로그램 계획과 관리, 측정
⑤ **기타**: 커뮤니티 개발, 영향력, 브랜드 명성, 리스크 관리, 거버넌스와 ESG, 플랫폼 관리, 사내 기업가 정신

물론 위에 언급한 역량들을 모두 제대로 잘하기란 한 기업의 CEO도 쉽지 않을 것이다. 하지만 여기서 주목해서 봐야 할 역량은 '비즈니스 통찰력Business Acumen' '성과에 집중Outcomes Focus' '협업Collaboration'이 아닐까 싶다. 진정한 ESG 경영을 잘하기 위해서는 전략 및 비즈니스 핵심 부서와 기업의 방향성과 신기술에 대해 지속적으로 논의하고, 목적 중심 기업으로서 대내외 커뮤니케이션을 해야 한다. 또한, 고객이나 비즈니스 파트너, 정부 관계팀을 통한 상생 구조 구축을 위한 협업, 법무팀과의 규제 관련 검토 등도 함께 이루어져야 한다. CSR 책임 담당자의 전체 역량 중 '거버넌스와 ESG'가 하나의 세부 항목으로 들어가는 것도 주목하자. 해당 항목이 미국과 유럽 기업에서의 ESG 위상을 가장 잘 설명해주고 있는 것이 아닌가 싶다. ESG는 기본적으로 준수해야 하는 것들이고, 그보다 더욱 적극적으로 기업의 사회적 책임을 수행해야 한다는 것을 의미하기 때문이다.

서진석 SK텔레콤 ESG추진그룹 부장은 ESG는 기업 내에서 다음과 같은 3단계 발전과정을 거칠 것으로 예상되며, ESG 리딩 부서에서 커리어를 쌓을지, 발전·전환 과정을 고려해 각 부서에서 ESG를 구현하는 형태로 커리어를 쌓을지 고민하면 좋을 것이라고 가이드한다.

① **초기**: 중앙 집중 형태로, 특정 부서가 전략과 방향을 잡고 이끌어감
② **발전**: 분산화가 이뤄져 각 부서로 파고들어감

③ **전환**: 전사적으로 ESG가 내재화됨

사회 초년생으로 ESG 커리어에 관심이 있다면 기본 역량을 키우는 것도 중요하다. ESG는 환경, 사회, 거버넌스라는 단어처럼 광범위한 주제를 다루기에, 평생 공부한다고 해도 세 가지 모두 깊이 있게 알기란 쉽지 않다. 따라서 ESG 전문가로서 기본적으로 갖추어야 할 역량으로 아래 3C에 대한 실력을 쌓고, 그 토대 위에 환경^{E}이나 사회^S 영역과 같이 전문성을 갖출 수 있는 나만의 영역을 특화하는 것이 좋다.

① **Communication(소통 능력)**: 다양한 부서, 외부의 이해관계자들과 소통하며, 달성하고자 하는 실행 과제를 현실로 만들어 가야 하기 때문이며, 이때 공동 비전을 향해 '윈윈' 하는 것을 가치로 제안해야 한다.

② **Connection(연결)**: 한 가지 프로젝트를 추진할 때도 안팎으로 전달하는 여러 가지 버전의 제안서를 준비하게 마련이다. 내부의 자원과 사회의 니즈를 연결하고, 기업에서 달성하고자 하는 ESG 목표를 위해 이해관계자들을 설득, 동참시키는 역량이 필요하다.

③ **Concert/Collaboration(협업)**: 오케스트라의 지휘자처럼 'E' 'S' 'G' 각각의 영역을 해당 분야 전문가처럼 깊이 알진 못하더라도, 전체적인 조화를 이루게 하는 것이 필요하다. 기업이 ESG 경영을 잘할 수 있도록 전략적인 업무를 담당하고, 유관 부서, 외부 관계자들과 끊임없이 소통하며 추진해야 한다.

5. ESG 전문가 채용, 누구를 뽑아야 할까?

기업에서는 ESG 경영을 시작할 때 해당 업무를 담당할 사람을 지정하거나 조직을 꾸리게 된다. 의사결정권이 있는 임원급이 ESG 총괄을 맡는 것도 중요하고, 각각의 중점 업무를 수행할 전문가로 구성된 팀을 꾸리는 것도 중요하다. 그러다 보니 2021년에는 대기업에서의 ESG 관련 전문가 영입과 여성 사외이사를 모시는 것이 가장 활발했다. 특히 탄소 전문가는 전문 역량과 경력만 갖추고 있다면 여러 기업에서 경쟁적으로 데려가는 분위기였다.

몇 군데 대기업에서 실제 구인을 위해 포스팅했던 ESG 관련 포지션과 직무, 자격 요건을 모아봤다. 세부 내용을 보면 해당 기업에서 어떤 업무를 하게 될지, 기업에서 기대하는 ESG 전문가의 역할이 무엇인지 알 수 있다. 대부분 ESG 평가 및 공시, 그리고 기후 변화 대응에 대한 업무가 주를 이루었다. 마지막 구인 공지가 가장 인상적인데, 아예 대놓고 ESG 평가기관, 교육 및 컨설팅 기관, 경영 진단 기관 출신을 선호한다고 명시하고 있다.

시험을 잘 보기 위해서 시험문제 출제자, 입시학원 선생님 출신을 과외 선생님으로 유치하겠다는 전략이다. ESG 평가를 목표로 한 구인은 단기간에 성적을 끌어올리는 효과를 보기에 좋은 인재 유치 전략일 수 있으나, '지속가능경영'을 위해선 기업 전체에 대한 인사이트를 가지고 장기적으로 기업 내 ESG를 내재화할 수 있는 인재를 뽑는 것이 더욱 바람직할 것이다. 재계 5위로 올라선

ESG 전문가 채용 공지 실제 사례

모집 단위	수행 직무	자격 요건
ESG 기획	· ESG 전략 수립 및 ESG 관리 체계 운영/관리 · ESG 외부 평가/공시 대응 · 지속가능성 보고서 발간 · ESG 관련 국내외 이해관계자 대응	· 환경공학/상경계 관련 전공자(우대) · ESG 전략 수립 및 ESG 평가 대응 관련 업무 경력 5년 이상(필수) · 중장기 과제 수립 및 추진 관련 업무 경력(우대) · 영어 회화 능통자(우대)
기후 변화 대응	· 전사 친환경 경영 전략 수립 및 운영 · 기후 변화 대응 업무 - 온실가스 배출권거래제, RE100, 탄소 중립	· 환경공학 관련 학사 이상 학위 소지자(필수) · 환경 관련 전공 석사 이상 학위 소지자(우대) · 기후 변화 정책 대응 및 전사 온실가스, 에너지 관리 업무 경력 5년 이상(필수) · 기후 변화 관련 전문 컨설팅 재직 경력자(우대) · LCA, 자원순환, 유해물질 관련 업무 경험자(우대) · 영어 회화 능통자(우대)
환경 평가/인증	· 전 과정 평가(LCA) 및 친환경 마크 인증 취득/관리 - 탄소 라벨링, 물발자국, 기타 환경 마크 · 자원순환 대응 업무	· 환경공학 관련 학사 이상 학위 소지자(필수) · 환경 관련 전공 석사 이상 학위 소지자(우대) · 전 과정 평가 프로세스 구축 관련 업무 경력 5년 이상(필수) · 전 과정 평가 관련 전문 컨설팅 재직 경력자(우대) · 플라스틱 이슈 정책 대응 및 자원순환 전략 수립 관련 업무 경력(우대) · 기후 변화 관련 업무 경력자(우대) · 영어 회화 능통자(우대)
ESG 경영 전문가 리더급 (차/부장)	· 당사 기획팀 내 ESG(환경·사회·지배구조) 경영 전문가 · 전사 차원의 체계적 ESG 업무 수행	· ESG 전략 수립 총괄 · ESG 경영 관련 대외 커뮤니케이션(투자자, 평가기관, NGO 등) · 환경공학/경영학 등 유관 부문 전공자 · ESG 평가기관, ESG교육/컨설팅 기관, 관련 기관 출신 전문가 [우대사항] · 환경성적표지 인증심사원 자격증 소지자 선호 · 영어 능통자 선호 · 아래 기관 경력자 출신 선호- 한국기업지배구조원/대신경제연구소/서스틴베스트 등 ESG 평가 기관 · KMA한국능률협회/한국환경산업기술원 등 ESG 교육/컨설팅 기관 · KPMG, PwC 등 경영 진단 기관

카카오도 카카오모빌리티 요금 인상안과 카카오페이 경영진 8명의 44만 주 블록딜이 사회적 지탄을 받으면서 카카오의 지속가능한 성장 관점에서 그룹 전체 의사결정을 이끄는 역할을 할 '코퍼레이트얼라인먼트센터Corporate Alignment Center'로 조직을 개편했다.

이러한 채용 공지와는 사뭇 분위기가 다른 구인 공지도 있었다. 대나무 칫솔로 유명한 소셜 벤처, 프로젝트노아의 소셜 임팩트 팀리더 포지션이었다. 프로젝트노아 대표는 구인 공지를 본인의 소셜 미디어에 포스팅했다. 프로젝트노아가 만들어내는 소셜 임팩트를 극대화하기 위해서 플라스틱 칫솔과 비교하여 대나무 칫솔의 채취-생산-운송-사용-폐기 전 과정에서 사용되는 에너지, 발생하는 이산화탄소 및 유해가스의 양, 사용되는 물의 양 등을 측정, 관리하고, 대나무 생산지의 빈곤 경감과 '1% for the planet' 기부활동에 대한 개선 계획을 수립할 수 있는 동료를 찾고 싶다고 했다. 그 외에도 전 구성원이 소셜 임팩트에 대해 함께 이야기하고 제도화하는 것은 물론 더 큰 보상을 받을 수 있도록 하는 조직문화 수립에 대한 희망 사항도 담겨 있었다. 미션 중심 기업인 프로젝트노아의 성격을 잘 담고 있는 채용 공지였다.

기업이 진정성과 일관성이 있는 경영철학을 바탕으로 ESG 경영을 기업 전체에 조직문화로 내재화하느냐의 여부는 인재 유치를 위해서도 점차 중요한 요소로 작용할 것이다. 시리즈 A 이상의 투자를 받은 스타트업 중에서 ESG, CSR, 소셜 임팩트 담당자를 채용한다는 소식을 최근 자주 들을 수 있었다. 어떤 형태로든

환경, 사회, 기업의 지속가능성을 챙기는 전문가들의 역할이 중요해진다는 것은 반가운 소식이다. 이는 ESG를 평가 기준으로 보는 것이 아니라, 건강한 조직, 지속가능한 기업을 위한 기본적인 가이드로 생각하는 기업이자 ESG 경영의 기본개념인 '기업이 환경 E과 사회S의 지속가능성을 해치지 않는 의사결정G을 하는 경영'을 추구하는 기업들이 많아진다는 것을 의미하기 때문이다.

　　IT 산업이 발전하면서 기업마다 개인정보, 기밀정보를 다루는 IT 보안 전문가에 대한 중요성이 높아졌다. 특히 정보통신망법, 정보보호산업법과 같은 법률을 토대로 '정보보호최고책임자 Chief Information Security Officer'도 일률적으로 '임원급'으로 지정하라고 강제했었다. 이와 마찬가지로 ESG도 투자, 규제, 공시 등의 이유로 중요성이 높아지는 만큼 ESG를 담당하는 임원급 책임자 지정 및 부서가 신설될 가능성이 높다. 담당 조직의 인력 규모만큼 조직에서는 의사결정권과 해당 업무의 중요성이 높아지게 마련이다.

6. 부서별로 떨어지는 ESG 과제에서 주의할 점은 무엇일까?

ESG 경영 전반에 대한 올바른 이해 없이 특정 부서로 ESG 과제가 떨어졌을 때 ESG워싱, 그린워싱의 발생 위험이 가장 크다. '그린워싱 Greenwashing, green+white washing'은 기업이 실제로는 환경에 악영향을 끼치는 제품을 생산하면서도 광고 등을 통해 친환경적인 이미지를 내세우는 행위를 말한다.

캐나다의 친환경 인증기관인 ECOLOGO에서 정의한 그린워싱의 7가지 종류

1. 상충효과 감추기: 작은 속성에 기초하여 환경 친화적이라고 라벨링
2. 증거 불충분: 라벨 또는 제품 웹사이트에 용이하게 접근할 수 있는 증거를 제시하지 않고 환경적이라고 주장
3. 애매모호한 주장: 너무 광범위하거나 제대로 이해할 수 없는 용어 사용
4. 관련성 없는 주장: 친환경적인 제품을 찾을 때 기술적으로는 사실이지만 구별되는 요소가 아닌 점을 진술
5. 두 가지 악 중 덜한 것: 범주가 전체적으로 환경적이지 않을 때 그 범주에 있는 다른 제품보다 더 환경적이라고 주장
6. 거짓말: 사실이 아닌 점을 광고
7. 허위 라벨 부착: 허위 인증 라벨 사용을 통하여 실제로 존재하지 않는 제3자 검증 또는 인증을 가진 제품을 암시

마찬가지로 'ESG워싱'은 ESG를 생색내기용으로 접근하고, 실제 ESG 관련 활동은 소극적인 경우를 말한다. 한국기업지배구조원에 따르면 2021년 6월 기준 유가증권 상장사, 대형 금융사 874사 중 110사에 ESG위원회가 설치된 것으로 나타났다. 그러나 실질적으로 활동하는 위원회는 68개에 그쳤다. ESG위원회가 설치된 110사 중 30사는 위원회 설치 후 활동을 전혀 하지 않았고, 활동이 파악되는 회사 중 12사는 ESG 경영 관련 논의를 진행한

적이 없었다고 한다.

또 한 가지 경계해야 할 부분은 현재 현업 부서의 역할 정도로 ESG 경영이 축소되는 경우다. 예를 들면, 일회용품 줄이기 등과 같은 환경 관련 사내 캠페인이나 ESG의 '사회[S]'로 오해하는 사회 공헌 영역이다. ESG가 한창이었을 때 임직원의 계단 오르기, 텀블러 사용 등에 대한 뉴스를 심심치 않게 볼 수 있었다. 이렇게 유행이 되고 나면 집에 여러 개 있는 에코백처럼 텀블러도 여기저기에서 받은 것들로 넘쳐난다. 일회용품을 줄이자고 시작된 캠페인이 오히려 생산과 소비를 창출하고 있는 셈이다. 하지만 해당 부서에서는 환경 관련 사내 캠페인이나 연탄 나르기와 같은 사회 공헌 활동을 하면 ESG의 환경[E]과 사회[S] 영역에 대한 의무를 다했다고 오해할 수 있다.

그렇기 때문에 비즈니스 밸류 체인 전반에 걸친 의사결정 과정이나 경영전략 없이 일부 부서로 ESG에 대한 과제가 떨어졌다고 하더라도 ESG 경영에 대한 올바른 이해를 가지고 재료의 수급부터 제품과 서비스를 설계-제조 및 생산-판매-폐기(재활용, 재사용)하는 밸류 체인 전반을 살펴볼 필요가 있다.

부록 2

현장에서 통하는 ESG 정보 바로가기

ESG 개념과 이해		
Social Value Hub		사회적가치연구원에서 운영하는 국내외 사회적 가치 관련 소통을 위한 통합 플랫폼
ESG Handbook	'Social Value Hub' 중 ESG 생태계와 다양한 용어에 대한 이해를 담은 웹페이지	
KRX ESG 포털		금융위원회와 한국거래소가 공동 구축했으며, ESG 개념, 최신 동향 등의 기본정보를 비롯해 상장기업의 ESG 평가등급, ESG 통계 등 실제 투자에 유용한 데이터까지 다양한 정보를 제공
으쓱	중소기업 ESG 추진전략 연구보고서, ESG 전문가 포럼 동영상 등 중소·중견기업의 ESG 경영지원을 위해 대한상공회의소가 만든 플랫폼	

ESG 투모로우		전국경제인연합회의 ESG경영을 확산하는 온라인 플랫폼으로 ESG 경영 우수사례, ESG 소식, ESG 공시자료 분석 등을 제공
K-ESG 팩트북 2021	2021년 지속가능경영보고서를 발간한 30대 그룹 75개 사의 ESG 정량지표를 전국경제인연합회에서 분석한 보고서 다운로드 가능	
필란트로피 용어집		아름다운재단 기부문화연구소에서 제공하는 '비영리, 모금, 배분, 나눔교육' 등의 용어 정리집으로 KPI, 이니셔티브 등 ESG 용어 설명

국내 ESG 평가기관

한국기업지배구조원(KCGS)		스튜어드십 코드, 모범규준 제·개정, ESG 평가 및 분석, ESG 정책 연구 등을 제공하는 공익 추구 기관
KCGS 모범규준	한국기업지배구조원에서 제정한 환경경영, 사회책임경영, 기업지배구조 모범규준	
서스틴베스트		ESG 종합 리서치, 자문 서비스를 제공하는 서스틴베스트에서 ESG 애널리스트 콘텐츠 등 제공
서스틴베스트 ESG 평가 등급 조회	기업의 ESG 등급 조회, 연간 ESG 분석 보고서 제공	

ESG 경영 가이드		
ESG 정보공개 가이던스		한국거래소가 제정 및 발표한 상장법인이 ESG 정보 공개에 참고할 수 있는 가이던스로, ESG 개념, 이사회와 경영진의 역할, 정보 공개 과정에서 지켜야 할 원칙, 보고서 작성과 공개 절차, 정보 공개 관련 글로벌 표준 등으로 구성
ESG 경영안내서	중소벤처기업부와 중소벤처기업진흥공단에서 중소벤처기업을 위해 제공한 'ESG 경영안내서(이해편)' 다운로드 가능	
중소기업 ESG 추진전략		대한상공회의소에서 제공하는 중소기업을 위한 ESG 실천 가이드로, 국내외 규제와 대기업 및 글로벌 기업 협력사 ESG 평가기준을 감안한 14개 관리지표 등 수록
500스타트업의 2020 ESG 연간 리포트	벤처캐피탈 500스타트업에서 발표한 스타트업을 위한 환경·사회·지배구조 정책을 담은 '2020 ESG 연간 리포트' 다운로드 가능	
ESG 대응을 위한 ISO 및 IEC 국제표준 100선 가이드		한국표준협회에서 제공한 ESG 경영 및 평가에 참고할 필요성이 높은 ISO 및 IEC 국제표준 100선을 선별한 가이드 다운로드 가능

ESG 관련 이니셔티브와 기관		
유엔 책임투자 원칙(PRI)		한국의 국민연금을 포함하여 전 세계 기관투자자들의 ESG 투자 흐름을 이끌고 있는 최대 이니셔티브
책임감 있는 산업 연합(RBA)	전자산업 행동규범으로서 공급 업체의 근로조건 및 환경 의무를 개선하고 전자기업과 공급업체의 표준 단일화를 위해 마련된 EICC(Electronic Industry Code of Conduct)의 변경된 명칭으로, 노동/건강, 안전/환경 기준 및 경영시스템, 기업윤리에 대해 실행, 준수, 심사, 보고 지침 제시	
글로벌 보고 이니셔티브 (GRI)		GRI는 기업의 지속가능경영 보고서에 대한 가이드라인을 제시하는 비영리기구로, 지속가능성 보고 표준(Sustainability Reporting Standards)이라는 지속가능성 보고를 위한 최초의 글로벌 프레임워크 제공
SASB 기준 국문 번역	금융위원회에서 지속가능성 공시기준 국제적 표준화에 대비하기 위해 기업들이 참고할 만한 SASB(ISSB와 통합 예정) 기준을 번역하여 공개	
기후 관련 재무정보공개 협의체 권고안 (TCFD)		TCFD는 기후변화가 미치는 기업의 재무적 영향 공개를 위한 프레임워크 및 권고안을 만들기 위해, G20 재무장관과 중앙은행 총재가 설립한 FSB(금융안정위원회)에서 2015년 발족한 태스크포스로, TCFD 권고안은 크게 기후 관련 리스크 및 기회, 권고안 및 지침, 시나리오 분석의 3가지 부분으로 구성

How to ESG

한 권으로 끝내는 ESG 수업

초판 1쇄 2022년 2월 28일
5쇄 2025년 2월 25일

지은이 | 신지현

발행인 | 박장희
대표이사 겸 제작총괄 | 신용호
제작총괄 | 이정아
책임편집 | 최민경
마케팅 | 김주희 이현지 한륜아

디자인 | studio forb

발행처 | 중앙일보에스(주)
주소 | (03909) 서울시 마포구 상암산로 48-6
등록 | 2008년 1월 25일 제2014-000178호
문의 | jbooks@joongang.co.kr
홈페이지 | jbooks.joins.com
네이버 포스트 | post.naver.com/joongangbooks
인스타그램 | @j__books

ISBN 978-89-278-1286-9 13320

- 이 책은 지식콘텐츠 플랫폼 폴인(folin.co)의 스토리북 〈마케팅팀도 인사팀도 알아야 하는 ESG〉와 〈'착한 기업'의 시대가 온다〉의 내용을 바탕으로 구성되었습니다.
- 이 책은 저작권법에 따라 보호받는 저작물이므로 무단 전재와 무단 복제를 금하며 책 내용의 전부 또는 일부를 이용하려면 반드시 저작권자와 중앙일보에스(주)의 서면 동의를 받아야 합니다.
- 책값은 뒤표지에 있습니다.
- 잘못된 책은 구입처에서 바꿔 드립니다.

중앙북스는 중앙일보에스(주)의 단행본 출판 브랜드입니다.

folin.co
지식콘텐츠 플랫폼 폴인